A FÓRMULA DO SUCESSO

COMO GRANDES LÍDERES ENTREGAM VALORES REAIS

Andrew Kakabadse

A FÓRMULA DO SUCESSO

Como grandes líderes entregam valores reais

TRADUÇÃO
UBK Publishing House

ubook UBK Publishing House

Publicado mediante acordo com Bloomsbury Publishing Plc. Edição original do livro, *The Success Formula*, publicada por Bloomsbury Publishing Plc.

ubook UBK Publishing House

COPIDESQUE Rowena Esteves
REVISÃO Paloma e Mariá Motriz
CAPA E PROJETO GRÁFICO Bruno Santos
IMAGEM DE CAPA Big Pants Production | shutterstock.com

Dados Internacionais de Catalogação na Publicação (CIP)
(Câmara Brasileira do Livro, SP, Brasil)

Kakabadse, Andrew
A fórmula do sucesso : como grandes líderes entregam valores reais / Andrew Kakabadse ; tradução UBK Publishing House. -- Rio de Janeiro : Ubook Editora, 2020.

Título original: The success formula : how smart leaders deliver outstanding value
ISBN 978-85-9556-229-5

1. Capacidade executiva 2. Liderança 3. Sucesso 4. Sucesso em negócios I. Título.

20-33354 CDD-658.4092

Ubook Editora S.A
Av. das Américas, 500, Bloco 12, Salas 303/304,
Barra da Tijuca, Rio de Janeiro/RJ.
Cep.: 22.640-100
Tel.: (21) 3570-8150

AGRADECIMENTOS

Gostaria de reconhecer com profunda gratidão as fantásticas contribuições e *insights* de todos aqueles que despenderam tempo para serem entrevistados. Obrigado a

- Paul Achleitner, presidente, Conselho Fiscal, Deutsche Bank, Alemanha;
- Achal Agarwal, presidente, Ásia-Pacífico, Kimberly-Clark, Cingapura;
- Michael Andrew, presidente e CEO global, KPMG, Hong Kong;
- Ilana Atlas, diretora, Coca-Cola Amatil, e diretora não executiva, Austrália;
- Gihan Attapatu, presidente, Ball Ásia-Pacífico, Cingapura;
- Jaspal Bindra, diretor executivo do grupo e da Ásia, Standard Chartered Bank, Cingapura;
- Ian Blackburne, presidente, Aristocrat, Austrália;
- Peter Bodin, presidente, Grant Thornton International, Suécia;
- Ken Borda, presidente, Santos, Austrália, e presidente, Aviva Asia, Hong Kong;

- Graham Bradley, presidente, Stockland Corporation, diretor não executivo, Austrália;
- Alec Brennan, presidente, EMECO Holdings Limited, Austrália;
- Berndt Brunow, presidente, Federação Finlandesa das Indústrias Alimentares e de Bebidas, e Fazer Group, Finlândia;
- Stephen Chipman, CEO, Grant Thornton, LLP, *member firm* da Grant Thornton International Ltd, EUA;
- David Cunningham, presidente, Ásia-Pacífico, Federal Express, Cingapura;
- Georges Dabaghi, diretor geral, Oriente Médio e países da CEI, Vubiquiti, Emirados Árabes Unidos;
- Lord Geoffrey Dear, Câmara dos Lordes, Reino Unido;
- Bob Dudley, CEO do grupo, BP, Reino Unido;
- Doug Elix, presidente, Advance Global Advisory Council, Austrália, e vice-presidente sênior aposentado, Group Executive Sales and Distribution, IBM, EUA;
- Jeff Fettig, presidente e CEO, Whirlpool, EUA;
- Mark Gainsborough, vice-presidente executivo, Negócios Comerciais Globais, Royal Dutch Shell, Cingapura;
- Stephan Gerlich, presidente, Grupo Bayer, México;
- Chris Gibson-Smith, presidente, London Stock Exchange, and partnership, Reino Unido;
- Rickard Gustafson, CEO, SAS Airlines, Suécia;
- Stig Gustavsson, presidente, Konecranes, Finlândia;
- Diane Grady, diretora, Macquarie Group, e diretora não executiva, Austrália;
- Russell Higgins, diretor, Telstra, e diretor não executivo, Austrália;
- Sarah Hillier, chefe de equipe, Conselho do Condado de Northamptonshire, Reino Unido;
- Jeremy Hunter, presidente, Henkel Adhesive Technologies, Índia;
- Belinda Hutchinson, diretora, AGL e diretora não executiva, Austrália;
- Mike Jeans, diretora não executiva independente (vice-presidente da comissão), Gemserv, Reino Unido;

- Gunender Kapur, CEO e diretor geral, TPG Wholesale Private Ltd, Índia;
- Graham Kraehe, presidente, BlueScope Steel, Austrália;
- Sanjiv Lamba, membro do conselho executivo, The Linde Group AG, Alemanha;
- Ronnie Leten, CEO, Atlas Copco, Suécia;
- Rod Leaver, CEO, Lend Lease, Região da Ásia, Cingapura;
- Lionel Lim, CEO, CA, Ásia-Pacífico, Cingapura;
- Catherine Livingstone, presidente, Telstra, e diretora não executiva, Austrália;
- Kevin Lobo, presidente e CEO, Stryker Corporation, EUA;
- Dave Mackay, diretor, Woolworths, Austrália, e presidente e CEO aposentado, Kellogg Worldwide, EUA;
- Vadim Makov, presidente, OMZ Group, Rússia;
- Charlie Mayfield, presidente, John Lewis Partnership, Reino Unido;
- Alexey Marey, CEO, Alfa Bank, Rússia;
- Trevor Matthews, presidente financeiro, Skills Council, e diretor não executivo, Austrália;
- Kevin McCann, presidente, Macquarie Group e Origin Energy Ltd, Austrália;
- Paul McClintock, presidente, Myer Holdings Limited, Austrália;
- Darshan Mehta, presidente e CEO, Reliance Brands, Ltd, Índia;
- Bruce Morgan, diretor, Origin Energy Ltd, e diretor não executivo, Austrália;
- John Neill, presidente e diretor geral do Unipart Group, Reino Unido;
- Helen Nugent, presidente, Funds SA, e diretora não executiva, Austrália;
- Renè Obermann, CEO, Deutsche Telecom, Alemanha;
- Michael Olosky, presidente, Henkel, Ásia-Pacífico, Cingapura;
- Sir John Parker, presidente, Anglo American, Reino Unido;
- Jonas Persson, presidente, APAC, Assa Abloy, Ásia-Pacífico, Hong Kong;

- Madhabi Puri Buch, diretor, Agora Advisory, e Greater Pacific Capital, Cingapura;
- Ed Rapp, presidente, Indústrias de Construção, Caterpillar, Cingapura;
- Monika Ribar, ex-CEO, Panalpina Group, Suíça, e diretora não executiva;
- Diane de Saint Victor, conselheira geral e secretária do conselho, ABB, diretora não executiva, Barclays Bank, Suíça;
- Ulf "Mark" Schneider, CEO, Grupo Fresenius, Alemanha;
- Steve Sargent, CEO, GE Austrália e Nova Zelândia, Austrália;
- Nitin Seth, diretor geral e country manager, Índia, Fidelity Worldwide Investment;
- Ranjit Shahani, presidente, Novartis Group, Índia;
- N Sivaraman, diretor em tempo integral, L&T Finance Holdings Limited, Índia;
- Sergey Soldatenkov, presidente do conselho administrativo, Megafon, Rússia;
- Ajay Srinivasan, CEO, serviços financeiros, Aditya Birla Group, Índia;
- Sam Su, presidente e CEO, Yum! Brands, China;
- Rajesh Sud, diretor geral e CEO, Max Life Insurance, Índia;
- Ashu Suyash, CEO, L&T Investment Management Limited, Índia;
- Robert Swannell, presidente, Marks and Spencer, Reino Unido;
- Kim Taylor, presidente do grupo, Ásia-Pacífico, Johnson & Johnson, Cingapura;
- Shane Tedjarati, presidente e CEO, Honeywell Global, áreas de alto crescimento, Cingapura;
- Michael Treschow, presidente, Unilever, Suécia;
- Arvind Uppal, presidente regional, Ásia-Sul, Whirlpool, Índia;
- Rajiv Verma, CEO do Grupo, HT Media Ltd, Índia;
- Petteri Walldén, presidente, Nokian Tyres, Finlândia;
- Vladimir Yakunin, presidente, RZD (Ferrovias Russas), Rússia.

Os títulos e a empresa de cada entrevistado são as do momento da entrevista. Vários deles ocupam agora posições diferentes em diferentes empresas.

Agradeço também a todos os que tornaram este livro possível.

Minha gratidão sincera a Stuart Crainer e Des Dearlove, editores de destaque e autores de renome. Vocês deram vida a este livro.

Meus mais profundos agradecimentos à minha esposa, professora Nada Kakabadse, e Madeline Fleure, que pacientemente e com bom humor fez diversas anotações.

Um agradecimento muito especial aos meus colegas da Heidrick & Struggles que doaram, tão generosamente, o seu tempo para fazer este projeto acontecer.

Os meus agradecimentos aos parceiros e colaboradores da Heidrick & Struggles, que organizaram as entrevistas e discussões com os principais executivos de todo o mundo e desenvolveram e coordenaram os questionários globais.

Obrigado a

Torrey Foster, Bill Matthews e Randall Thorne, nos EUA;

Vicki Hickson, Russell King, Will Moynahan, Andrew Myers, Anabelle Parsons e Dave Tullett, no Reino Unido;

Tuomo Salonen, na Finlândia, Alain Deniau, na França, e Christine Stimpel, na Alemanha;

Elise Andström e Carina Nordgren, na Suécia;

Christina Atchison, Anna Knuckey e Thomas Liddle, na Austrália, e Yao Li e Linda Zhang, na China;

Karen Fifer, Robert Knight, Karen Lau, Richard Meiklejohn, Harry O'Neill, Seth Peterson e Lily Siu, em Hong Kong;

Rajiv Inamdar, Neha Jain, Arun Das Mahapatra, Gauri Padmanabhan e Puneet Pratap Singh, na Índia e

Stafford Bagot, Karen Choy-Xavier, Charles Moore, Hamish Shaw, Frazer Wilson e Alex Yew, em Cingapura.

Além deles, há os meus colegas da Heidrick & Struggles, sem os quais este projeto nunca teria começado.

Peter Lever, em Londres, defendeu e apoiou este projeto desde o início com os seus pensamentos iniciais sobre engajamento e alinhamento. Obrigado, Peter.

A minha mais profunda gratidão a Steve Mullinjer, em Xangai, cujos pensamentos sobre diversidade cultural trouxeram uma nova e estimulante dimensão à tese original. O seu apoio e a sua cuidadosa orientação não só tornaram este estudo possível, mas o enriqueceram com novas percepções.

Finalmente, gostaria de transmitir um agradecimento muito especial a David Pumphrey, em Sydney, por sua facilitação, perseverança e persuasão para fazer este projeto acontecer. Ele me guiou durante a escrita do primeiro rascunho e assegurou que o processo corresse sem problemas. Eu e este livro nos beneficiamos consideravelmente do seu aconselhamento generoso.

Como podem ver, este livro foi possível graças a um nível extraordinário de trabalho em equipe. Desde aqueles que doaram seu tempo para as entrevistas, aqueles que produziram um encontro após o outro, até os que gerenciaram as pesquisas e que fizeram parte do desenvolvimento do primeiro rascunho, eu sou grato por tudo o que fizeram.

PRÓLOGO

O que é importante nos negócios?

Primeiro, os resultados. Os executivos e suas empresas precisam ter um desempenho que satisfaça os stakeholders.

Segundo, como você se comporta. Que tipo de gerente e líder você é? Que tipo de cultura ajuda a criar e nutrir na organização? Como trata as pessoas com quem trabalha?

É tentador, especialmente ao ler na imprensa, considerar os resultados como o começo e o fim da vida empresarial e passar a acreditar que eles existem em algum tipo de vácuo. A realidade é diferente. Os resultados e o comportamento são indissociáveis.

Não acredito que o verdadeiro valor sustentável possa ser criado sem valores. Se ninguém acreditava nisso antes da recente crise bancária, certamente agora está claro. Passei a minha vida profissional no setor bancário. É um negócio simples que depende da confiança de consumidores e clientes para existir no dia a dia. A confiança depende de valores e comportamentos que são reais e demonstrados todos os dias, ano após ano. As empresas sem valores não resistem à prova do tempo.

Em termos de comportamento, como líder, vale a pena lembrar-se de como gostaria de ter sido tratado no início de sua carreira. Se teve sorte, trabalhou em uma equipe em que lhe foi dada a liberdade para fazer as coisas acontecerem e poder alcançar resultados. Seu papel no sucesso da equipe e da organização foi reconhecido, talvez celebrado. Muitas vezes isso não acontece. Mas deveria.

O trabalho da liderança é construir esse engajamento para que todos contribuam e que essas contribuições sejam justamente reconhecidas. O líder também deve construir confiança. Como presidente, esta é uma parte vital do meu papel. A confiança não é um conceito abstrato; é uma realidade do dia a dia e se constrói respeitando os indivíduos, ouvindo suas preocupações, considerando-as e comunicando-as. O último elemento é vital. A comunicação precisa ser aberta e deve ser incentivada em toda a organização.

Engajamento e confiança levam tempo. Trata-se de um compromisso a longo prazo, mas que precisa estar inserido nas suas atividades diárias. Deve-se, por exemplo, passar tempo na linha de frente do negócio. No mundo varejista isto é, comparativamente, fácil. Pode-se visitar uma loja; sentir o clima do negócio e sua identidade. Mas não é assim tão fácil em outros mercados. Só estando lá, na linha de frente comercial, é possível realmente entender a empresa, sua cultura e seu desempenho.

Os resultados e o comportamento — não necessariamente nessa ordem — estão no centro da minha visão de negócios. Isto coincide com os temas mais persuasivos de *A fórmula do sucesso*. Como Andrew Kakabadse pontua, os negócios não são uma ciência complexa governada por um conjunto de algoritmos, mas uma combinação convincente de arte e ciência.

Robert Swannell
Presidente, Marks and Spencer
Reino Unido

PREFÁCIO

Por mais de sessenta anos, a Heidrick & Struggles tem ajudado organizações globais a proteger, construir e fortalecer suas equipes de liderança. À medida que as complexidades da liderança aumentaram, continuamos a explorar os fatores que sustentam o sucesso.

Nesta recente colaboração com o aclamado conselheiro de liderança nos negócios, o autor e professor Andrew Kakabadse, da Henley Business School, começamos a entender melhor a dinâmica da liderança, diversidade e do poder das equipes. Nosso objetivo em apoiar o projeto de pesquisa internacional que estrutura a base do *A fórmula do sucesso* foi dar fim à confusão e desmistificar a relação entre liderança e valor de negócio sustentável no mundo acelerado de hoje.

Globalização acelerada e tecnologia redefiniram as habilidades de liderança para alcançar o sucesso no mercado. Muitos CEOs acham que suas habilidades se tornam obsoletas à medida em que suas empresas se transformam neste cenário volátil e imprevisível. A nova norma exige transformações contínuas nas pessoas, nos processos, na tecnologia e na estrutura para ser competitivo.

As competências e habilidades dos líderes que já foram necessárias para criar valor em suas organizações não são mais suficientes. Novas habilidades de CEO são necessárias para vencer neste mundo. A capacidade de aproveitar a cultura e a diversidade de pensamento para criar uma estratégia emergiu como uma disciplina competitiva fundamental para os líderes do século XXI.

Outras questões foram levantadas e testadas para essa pesquisa. Como, por exemplo, os líderes empresariais bem-sucedidos organizam suas estratégias e equipes para identificar — e entregar — oportunidades tão efêmeras em uma era de complexidades constantes? O que é mais importante? A vantagem da diversidade cultural entre a equipe de gerenciamento e os integrantes do conselho? Uma estratégia arrojada comunicada de forma sólida em todos os níveis da organização? O que fazem as melhores empresas e como podemos aprender com elas?

Em *A fórmula do sucesso*, Andrew argumenta que no novo mundo VUCA (a sigla militar americana para volatilidade, incerteza, complexidade e ambiguidade), a estratégia funciona melhor quando os líderes criam uma cultura baseada em evidências — na qual eles são capazes de transformar sua visão no propósito da organização e incentivar a diversidade de pensamento para gerar alinhamento e engajamento. Uma organização precisa ter uma cultura com a qual as pessoas estejam engajadas e alinhadas antes que sua estratégia gere valor real. E a diversidade de pensamento é a cola que liga uma cultura comum, incentivando a vantagem adaptativa em mercados altamente diversificados. Ela fornece um novo modelo para globalizar uma empresa. As organizações melhor conduzidas mantêm os olhos abertos para oportunidades, ideias e perspectivas. Abraçando-as onde, uma vez, tentaram forçar caminho por meio delas.

A evidência e a verificação da realidade são uma parte vital na construção das coalizões organizacionais e da dinâmica necessária para ter sucesso e superar os obstáculos do século XXI. Andrew afirma, persuasivamente, a necessidade de uma *liderança baseada em evidências*.

Para os executivos seniores, significa que todos, e cada um dos líderes de uma organização, devem estar constantemente envolvidos com a forma como a empresa cria valor num mundo complexo e ambíguo. A estratégia é importante, mas os líderes devem usar evidências práticas para iluminar a realidade e estar dispostos a questionar — e até mesmo quebrar — o *status quo* quando necessário. O poder da liderança baseada em evidências é a capacidade de aproveitar os múltiplos pontos de vista dos stakeholders para criar uma estratégia dinâmica que envolve e alinha a organização, criando valor sustentado.

A pesquisa de Andrew é sólida e prática. O livro explora as sete disciplinas vitais para conquistar a fórmula do sucesso, e conclui com uma série de perguntas instigantes que fornecem um ponto de partida para CEOs e presidentes aplicarem os resultados no mundo dos negócios de hoje, em ritmo acelerado, complexo e incerto.

Esperamos que *A fórmula do sucesso* o ajude a abordar os desafios e as oportunidades da sua empresa com vigor renovado e com um sentido mais claro de propósito. É necessária uma liderança forte. Com ela, nossas equipes terão a capacidade não apenas de ter sucesso, mas também de mudar o mundo.

Steve Mullinjer
Sócio gerente regional, Ásia-Pacífico
Heidrick & Struggles

INTRODUÇÃO

Toda e qualquer organização — e cada indivíduo — tem uma ideia do que significa sucesso. Pode ser chegar ao próximo trimestre, mera sobrevivência. Pode ser um ponto determinado — um nível específico de rentabilidade —, participação de mercado, retorno sobre o investimento, ou qualquer outra proposta do cliente. Pode ser a visão de criar um mundo diferente.

Nos últimos cinco anos, viajei pelo mundo entrevistando líderes para obter novas percepções sobre a natureza do sucesso organizacional e como ele é criado. Foram realizadas entrevistas extensas em mais de cem organizações do setor privado e público e do terceiro setor em catorze países. Os *insights* e as citações das entrevistas da pesquisa são usados neste livro.

Os entrevistados eram todos líderes seniores das suas organizações, incluindo muitos CEOs e presidentes. Suas empresas, da Europa, América do Norte, Ásia, África, Australásia e do Oriente Médio, abrangem desde serviços financeiros a restaurantes fast-food; companhias aéreas a TI; fabricação de automóveis a químicos; serviços públicos a produtos farmacêuticos; *software* a xampus; maquinaria pesada a eletrodomésticos; telecomunicações a transportes; mineração a bancos; cereais a minerais; e varejo a ferrovias.

A fórmula do sucesso é o resultado.

Minha pesquisa, com apoio da empresa de liderança global Heidrick & Struggles, constatou que o ponto de partida para qualquer organização bem-sucedida (ou, na verdade, qualquer indivíduo) deve ser o valor. Sempre. O valor é a moeda do sucesso. Os tipos de valores que as organizações procuram criar e a forma como o fazem estão no cerne de qualquer compreensão do que é o sucesso e do que é necessário para torná-lo realidade.

Diferentes tipos de organizações procuram criar diferentes tipos de valor — quer se trate de valor para os sócios, valor social, valor para os acionistas ou valor financeiro. Mas todas as organizações devem criar valor para legitimar a sua existência e para serem consideradas, por elas próprias e pelos outros, bem-sucedidas.

A criação de valor, portanto, é o principal objetivo de liderança e a fundação para construir cada história de sucesso que estampa os relatórios anuais, as capas de publicações e muito mais.

Como os líderes criam valor? E como criam valores que podem ser mantidos? Os líderes com quem conversei na minha pesquisa se encaixavam em uma de três grandes categorias, de acordo com sua abordagem à criação de valor. A abordagem era tipicamente uma das seguintes:

- **Replicar:** reproduzir uma estratégia ou proposta de valor bem-sucedida anteriormente.
- **Formular:** apostar em uma estratégia ou proposta de valor não comprovada.
- **Conduzir por evidências:** criar uma hipótese de proposição de valor e confrontá-la com evidências.

Claramente, as abordagens de replicar e formular são erradas. Replicar o que funcionou em outro lugar é uma abordagem surpreendentemente banal. Afinal, isso é o que muitas empresas de consultoria efetivamente vendem. Também encontrei muitos executivos que simplesmente aplicaram a mesma abordagem, sabedoria ou ideias em uma série de organizações; eles são trapaceiros corporativos em busca de sua próxima chance. O valor que isto proporciona irá inevitavelmente diminuir com o tempo, à medida que o mundo e os contextos se transformam.

Se uma pessoa tiver um histórico, pode ser persuasiva — para recrutadores, colegas e outros. Mas e se tiver a intenção de simplesmente repetir a mesma coisa, só que em um contexto diferente? Ter um histórico é obviamente bom, mas precisa ser combinado com uma vontade de evoluir, desenvolver e responder a novos contextos.

Essa categoria inclui executivos — e há muitos — que veem a criação de uma estratégia para oferecer valor como uma aposta, uma arte intuitiva e algo desesperado. Formulam estratégias em um vácuo glorioso. Às vezes funciona, mas a sorte tem um dom para se esgotar rapidamente.

Executivos dispostos a lutar com a realidade, encarando os fatos, têm uma chance maior de serem bem-sucedidos, diversas vezes, na criação de valor.

O que descobri durante meus encontros com executivos de alto nível mundo afora é que os líderes inteligentes criam valor e oferecem sucesso por meio do que descrevo como *engajamento dos stakeholders baseado em evidências*: eles constroem o compromisso e a paixão que geram valor por meio de evidências reais, em vez de estratégias puramente geradas por consultores ou sonhos distantes. Nessas organizações bem-sucedidas, a evidência não é uma aberração, mas o resultado de muito trabalho, persistência e estrutura. A realidade é encarada e examinada de forma sólida e construtiva. O sucesso organizacional é construído sobre uma abordagem disciplinar de uma série de questões-chave — da missão à diversidade.

Os *insights* da minha pesquisa têm um ar de simplicidade ilusório, mas refrescante: sucesso é entrega de valor e isso é melhor e mais confiavelmente alcançado por meio do engajamento de pessoas, mercados e dados e, em seguida, da coleta de evidências sobre essa realidade e da tomada de decisões em conformidade.

Parece simples, mas a realidade é bem diferente. Envolver-se com as pessoas em seu contexto para conquistar o seu comprometimento, valorizando os pormenores da vantagem competitiva, ponto a ponto, e juntar tudo isso por meio de uma estratégia corporativa global bem pensada, requer um nível sofisticado do que descrevo como *diversidade de pensamento*. Quando os gestores se sentem confortáveis com a complexidade e são capazes de usar essa diferença definidora como vantagem, podem afirmar genuinamente que a organização oferece valor. A entrega de valor e a diversidade de pensamento são indissociáveis. São dois lados da mesma moeda e ambas são necessárias para criar riquezas organizacionais. O desafio para a liderança da empresa é alimentar uma mentalidade de entrega de valor juntamente com a diversidade de pensamento, para que a verdadeira diferenciação seja realizada.

Esses *insights* levaram ao desenvolvimento da fórmula do sucesso, um recurso simples, mas poderoso, para chegar ao cerne do valor. Três elementos são fundamentais para a criação de valor: estratégia, engajamento e alinhamento.

Estratégia: o plano de como a organização pretende criar valor no futuro;

Engajamento: a medida em que as pessoas investirão voluntariamente os seus esforços para além dos benefícios financeiros ou contratuais e

Alinhamento: as estruturas, os sistemas, processos e protocolos necessários para posicionar a organização a fim de que possam realizar suas estratégias, seus objetivos e alcançar os resultados desejados.

A maneira como esses elementos são configurados é a diferença entre criação e destruição de valor. Como sempre, abaixo da simplicidade encontra-se uma veia de complexidade, por vezes assustadoramente profunda, que iremos explorar. *A fórmula do sucesso* explica como os três elementos funcionam e o que as organizações e os líderes precisam fazer para gerar valor.

O valor é a força vital das organizações e a razão de ser dos líderes. A minha esperança é que *A fórmula do sucesso* amplie a nossa compreensão do significado de sucesso e do papel vital desempenhado pelo valor e pela evidência para tornar o sucesso realidade.

1

COMPREENDENDO O VALOR

O que é sucesso para você?

Fiz esta pergunta a executivos do mundo todo. Entre eles estava Georges Dabaghi, diretor geral da Vubiquity no Oriente Médio e nos países da CEI, e que anteriormente trabalhava na SeaChange, Lucent Technologies e AT&T. A Vubiquity é a maior fornecedora mundial de serviços de vídeo multiplataforma, e Georges está envolvido em telecomunicações no Oriente Médio e na África há quase vinte anos. Sua resposta foi caracteristicamente pensativa e explorou algumas das questões que outros levantaram diante dessa pergunta:

> Estou tentado a dizer que o sucesso tem relação com o cumprimento de metas estabelecidas anteriormente, mas acho que há mais do que isso, um sentimento de criar valor de alguma forma, a sensação de que criou alguma coisa. Eu avaliaria o sucesso em mais de uma dimensão. Há o sucesso financeiro, que não se pode ignorar, quer se trate do crescimento das receitas, da rentabilidade ou do número de funcionários que se tem. E há os elementos não quantificáveis do sucesso: a felicidade

> dos empregados, sua própria felicidade, como os outros o olham, se você agrega valor aos seus negócios e à comunidade à qual eles pertencem. Embora seja um exemplo muito pequeno, criamos nossa própria empresa nos Emirados Árabes para que todas as transações financeiras passassem pelos bancos dos Emirados Árabes Unidos; todos os nossos alimentos e bebidas, hotéis e reservas para conferências e viagens passam pelos vínculos jurídicos locais, o que está adicionando mais ao PIB, trazendo mais valor e tornando a economia daqui um pouco mais próspera. Vejo isso como sucesso. O sucesso também é medido pelo quanto você gera para a indústria, para outros operadores, para as pessoas que fazem trabalhos menores e assim por diante.

A resposta de Georges Dabaghi à pergunta sobre o que constitui sucesso levanta muitas das questões que iremos explorar nas páginas seguintes. Sucesso é uma potente e, muitas vezes, perturbadora mistura de curto e longo prazo, dinheiro e consciência, empresa e mundo, e individual e organização.

Então, o que é o sucesso? Para simplificar, o sucesso é a criação de benefícios e resultados econômicos e sociais que servem a um propósito para as pessoas que se pretende ajudar, de acordo com um conjunto de valores aos quais a organização se compromete.

O sucesso organizacional geralmente vem a partir de um plano ou de uma estratégia clara para cumprir uma missão. Mas uma estratégia não é bem-sucedida até que entregue o valor pretendido.

"Acho que o papel mais importante para o CEO é, primeiro, o desenvolvimento de uma grande equipe de liderança e desenvolver, com ela, uma estratégia clara", disse-me Renè Obermann, CEO da Deutsche Telekom. "Isso envolve analisar o negócio e suas perspectivas; compreender o mercado e suas mudanças; entender as tecnologias e os principais *drivers* do negócio; e, em seguida, desenvolver uma estratégia. Posteriormente, o CEO e a equipe de liderança proporcionam clareza estratégica para a organização e trabalham constantemente no alinhamento e na execução dessa estratégia. Tudo isso para gerar valor para todas as partes interessadas."

As organizações bem-sucedidas criam valor. As organizações, é claro, vêm em muitas formas e tamanhos, sabores e cores. Este livro é predominantemente voltado às companhias, mas os mesmos pontos se aplicam a todas as empresas. A definição de sucesso varia de organização para organização, mas a necessidade de criar valor em apoio a uma missão é universal.

UMA VARIEDADE DE VALORES

No caso de uma empresa, isso pode se tratar de um valor do *shareholder*. Questionada sobre o que é sucesso, Sally Tennant, CEO do Kleinwort Benson Bank, respondeu: "Criar valor para os *shareholders*, ter uma base maior de clientes e mantê-los satisfeitos. Pode ser medido, em parte, por ser um lugar onde as pessoas gostariam trabalhar. E ter uma equipe de primeira qualidade para que o lugar não desmorone mesmo que você seja derrubado. Acho que não é sucesso se for restrito a um indivíduo."[1]

Na década de 1990, o foco das organizações em todo o mundo mudou, voltando-se para a geração de valor para os *shareholders*. De repente, isso foi visto como a medida mais relevante de sucesso de uma empresa e de um líder. Esse fascínio já se dissipou desde então, mas é claramente um ingrediente vital em qualquer consideração do que constitui o sucesso empresarial.

O valor financeiro puro também tem o seu lugar. Chris Gibson-Smith, presidente da London Stock Exchange e antigo geólogo chefe da BP, contou como ajudou a "transformar um caixa negativo de um bilhão e meio na maior fonte única de receita do grupo BP em todo o mundo". Transformar perdas em lucros, criar valor financeiro onde ele não existia anteriormente, pode ser imensamente animador e satisfatório. Este é o equivalente corporativo da alquimia, a maravilhosa transição das perdas em lucro.

Obviamente, as empresas precisam ganhar dinheiro para sobreviver e fornecer valor de forma mais geral. Mas isso não é o começo e o fim da maioria das organizações — ou não deveria ser. Como Henry Ford observou, "Um negócio que não faz nada além de dinheiro é um tipo pobre de negócio". Nas minhas entrevistas, foi interessante perceber a pouca ênfase dada ao desempenho financeiro. É necessário, mas não é o suficiente; é o equivalente organizacional de respirar.

Esses são temas permanentes — tão antigos como o próprio negócio. Dinheiro, preço e lucro são simplesmente indicadores de valor; são subprodutos da criação de valor. Assim como a qualidade. Como observou o grande pensador de gestão Peter Drucker: "A qualidade de um produto ou serviço não é o que o fornecedor coloca. É o que o cliente procura e está disposto a pagar. Um produto não tem qualidade porque é difícil de produzir ou porque custa muito caro, como os fabricantes normalmente acreditam. Isto é incompetência. Os clientes pagam apenas pelo que lhes é útil e lhes atribui valor. Nada mais constitui qualidade."[2]

Em outras palavras, o valor está no olho de quem vê. Valor é algo que é criado na mente de outra pessoa. Pode ser a etiqueta de marca ou algo menos tangível. O valor pode ser visto em termos de valor social. Cada vez mais, as empresas que encontro têm uma noção clara de contribuir para a sociedade em geral. Elas querem ajudar a fazer do mundo um lugar melhor, enquanto geram lucro.

O valor também é frequentemente entendido de acordo com os stakeholders envolvidos: indivíduos, grupos ou organizações com interesse direto nas atividades de uma empresa. Estes incluem acionistas, clientes, fornecedores, funcionários, investidores e membros da comunidade onde a empresa opera.

A reflexão sobre o valor para os stakeholders é fundamental para a pesquisa na Universidade de Harvard e em muitas empresas americanas. Em particular, o trabalho de Michael Jensen tem sido influente.[3] Nos últimos anos, milhares de iniciativas foram lançadas e bilhões de dólares foram gastos na busca por melhorar o engajamento dos stakeholders na geração de valor. No entanto, os resultados são diversos.

As nossas noções de valor estão em constante evolução. Liderando a carga intelectual atual está a familiar análise de Michael Porter, da Harvard Business School. O criador do quadro das Cinco Forças fala agora de "criar valor partilhado". O debate sobre o que constitui valor ganha velocidade à medida que o próximo conjunto de desafios que as empresas enfrentam se torna mais claro. "As empresas continuam presas numa abordagem ultrapassada em relação à criação de valor que surgiu nas últimas décadas. Elas continuam a vê-la de forma limitada, otimizando o desempenho financeiro de curto prazo em uma bolha, enquanto perdem as necessidades mais importantes dos clientes e ignoram as influências mais amplas que determinam seu sucesso de longo prazo", lamentam Porter e Mark Kramer em seu artigo *Creating Shared Value* da Harvard Business Review de 2011.[4]

Apelando às empresas para que assumam a liderança na aproximação dos negócios com a sociedade, Porter e Kramer argumentam que "a solução reside no princípio do valor partilhado, que envolve a criação de valor econômico de uma forma que também crie valor para a sociedade, atendendo às suas necessidades e aos seus desafios. As empresas devem reconectar o sucesso dos negócios ao progresso social. O valor compartilhado não é responsabilidade social, filantropia ou mesmo a capacidade de sustentação, mas uma nova forma de alcançar o sucesso econômico. Não está à margem do que as empresas fazem, mas encontra-se no centro. Acreditamos que pode dar origem à próxima grande transformação do pensamento empresarial".

FALHA NA ENTREGA

O valor em suas diversas formas está no centro da vida corporativa. Diferentes tipos de organizações procurarão criar diferentes tipos de valor, mas todas devem criar valor para legitimar a sua existência. Ele é a verdadeira moeda do sucesso.

Até agora, tudo bem. Mas, embora seja fácil concordar que a entrega de valor é o ingrediente essencial do sucesso, às vezes mostra-se evidente que o valor não está sendo entregue. Na fórmula de sucesso de muitas organizações, as contas não batem. O valor é esquecido no chão da fábrica ou na mesa da sala de reuniões.

Considere a noção muito básica de valor financeiro. Se o lucro corporativo, por si só, é considerado a principal medida de valor, a realidade é decepcionante.

Isto está brutalmente exposto no livro de Richard D'Aveni de 2012, *Strategic Capitalism*. "A rentabilidade americana a longo prazo foi maior durante as décadas de 1950 e 1960", relata D'Aveni. "Os problemas começaram no início da década de 1970, mas os EUA se recuperaram e os retornos atingiram seu auge por volta de 1980, tanto no setor de serviços quanto no setor manufatureiro. Desde então, temos assistido a um declínio contínuo e de longo prazo da rentabilidade das empresas (retorno dos investimentos), mesmo durante períodos de crescimento econômico. O declínio tem sido de cerca de três pontos percentuais na rentabilidade de ambos os setores, até o mais baixo, de 9% na indústria manufatureira e de 5% nos serviços, por volta de 1980. (Vale levar em conta que as indústrias de serviços não foram as salvadoras antecipadas. Elas não preencheram a lacuna de emprego criada pelo corte de pessoal do setor manufatureiro. Os serviços também não geraram o mesmo nível de retorno de ativos que a indústria transformadora gerou nos últimos cinquenta anos)."[5]

Com esta medida, as empresas norte-americanas têm sido, em média, menos bem-sucedidas ao longo do tempo. O aumento da concorrência global é responsável por parte do declínio, mas há outros fatores — incluindo a destruição de valor como resultado de uma gestão equivocada. Em particular, uma tendência nociva atual: gerir as empresas orientadas a curto prazo, a fim de aumentar o preço das ações, em detrimento da posição de longo prazo.

O valor está sendo entregue sem sucesso em outras áreas. Mostraremos uma variedade de exemplos mais adiante. Primeiramente, para entender melhor como as empresas falharam em entregar valor, o que define o sucesso, vamos analisar as propostas de valor. São seus pontos iniciais. A teoria da gestão moderna dita que todas as organizações devem ter uma proposta de valor clara e convincente. Em termos simples, uma proposta de valor é uma declaração de posicionamento, que explica quais benefícios (valor) a organização proporciona e para quem, e quão bem ela o fará. A proposta de valor deriva da vantagem competitiva desfrutada pela organização.

Em seu trabalho altamente influente, antes de defender o valor compartilhado, Michael Porter argumentou que existem três estratégias genéricas que as empresas podem seguir com base em seu posicionamento de mercado e em suas vantagens competitivas. Elas são de baixo-custo, diferenciação ou foco. Nesta perspectiva, a empresa escolhe uma das duas vantagens competitivas — compete por meio de custos mais baixos do que os seus concorrentes ou diferencia-se em função de dimensões avaliadas pelos clientes para obter um preço mais elevado. A empresa também escolhe um dos dois tipos de escopo — oferecendo seus produtos e serviços para segmentos selecionados do mercado ou para toda a indústria, oferecendo esses produtos e serviços para diversos segmentos. A estratégia genérica que uma empresa adota reflete essas escolhas.

Por mais útil que o modelo de Porter ainda seja, a estratégia de uma organização deve seguir sua proposta de valor e não o contrário. Isso muitas vezes não acontece.

A falha em definir adequadamente a proposta de valor é um dos problemas mais comuns nas empresas. Mas há outro perigo, potencialmente ainda mais insidioso: várias equipes de gestão sênior — lideradas por CEOs ambiciosos — criam estratégias para sustentar uma proposição de valor deficiente, por razões que pouco têm a ver com a criação de valor. A história dos negócios está repleta de exemplos de CEOs que compraram empresas não para agregar valor, mas porque estavam construindo um império. As propostas de VALOR podem ser deixadas para trás numa corrida precipitada para buscar fontes alternativas dele, imaginárias ou ilusórias.

Curiosamente, também, os mesmos traços ou comportamentos do início da carreira de líderes bem-sucedidos podem destruí-los. Na verdade, o que tem sido uma estratégia altamente bem-sucedida para um CEO ao longo de muitos anos pode desenrolar-se de forma desastrosa se o contexto mudar. A evidência mostra que um CEO que foi amplamente admirado por sua estratégia ou proposta de valor pode se tornar impopular pela mesma estratégia ou proposta em um momento posterior.

UM BANCO SEM VALOR

Quando o Royal Bank of Scotland (RBS) adquiriu o NatWest Bank, um banco três vezes maior, por 23,6 bilhões de libras em 2000, seu recém-nomeado CEO, Fred Goodwin, era a cereja do bolo da Square Mile de Londres.

Goodwin se juntou ao RBS em 1998 como CEO adjunto de Sir George Mathewson, que tinha a ambição de transformá-lo de um banco regional a um *player* internacional. Mathewson liderou o negócio da NatWest, mas foi a diligência e a mente afiada da Goodwin que impressionaram os investidores e os conquistaram para fechar o acordo em face da feroz concorrência do seu rival, o Bank of Scotland. Em janeiro de 2001, Goodwin foi promovido a CEO e cortou 18 mil empregos devido à fusão do RBS com o NatWest.

Apelidado de "Fred the shred" por sua capacidade impiedosa de adquirir e absorver bancos, ao longo desses anos Goodwin presidiu a ascensão do RBS à proeminência global como a maior empresa do mundo em ativos (1,9 trilhão de libras) e o quinto maior banco em avaliação do mercado de ações. Mas, se a subida do RBS foi meteórica, a sua queda foi ainda mais vertiginosa. Em 2008, durante a crise bancária, o RBS foi forçado a uma nacionalização — impulsionada pelos contribuintes do Reino Unido.

Em outubro de 2008, Goodwin renunciou oficialmente ao cargo de CEO. Pouco tempo depois, o RBS anunciou que sua perda de 2008 totalizou 24,1 bilhões de libras, a maior perda anual da história corporativa do Reino Unido. A falta de humildade de Goodwin, a sua relutância em abrir mão de seus bônus não merecidos e a incapacidade de mostrar arrependimento pela forma como lidou com a crise levaram-no a tornar-se o garoto propaganda do país para os excessos da indústria bancária. A sua impopularidade contribuiu para que seu título de cavaleiro — atribuído em 2004 por serviços bancários — fosse cancelado e anulado em fevereiro de 2012.

A ascensão de Goodwin (e eventual queda) não deveria ter sido uma grande surpresa. Ele estava simplesmente replicando uma estratégia de sucesso que tinha funcionado para ele quando o RBS expandiu. O problema era que o contexto tinha mudado. A mesma estratégia agressiva e de alto risco que tinha transformado o RBS Group em uma potência bancária global, criando enormes aumentos de valor para os acionistas, levou à sua falência cerca de oito anos mais tarde. No entanto, com uma ou outra exceção, quantas vozes alertaram para os perigos?

Esta é uma história repetida muitas vezes na história do mundo corporativo. À medida que os contextos mudam, empresas e líderes altamente bem-sucedidos podem encontrar-se desamparados, encalhados ou agarrados a um modelo de negócios ultrapassado e a uma proposta de valor que não faz sentido na nova ordem mundial. A predisposição a uma proposta de valor (já funcionou antes, portanto, funcionará novamente) cega o líder para a evidência necessária na geração de valor. O sucesso do passado envenena a capacidade do indivíduo de se adaptar às circunstâncias de hoje e, como todos sabem, o hoje é sempre diferente. Sempre.

FALHAS NA SELVA DE VALOR

Pelo menos Fred Goodwin e afins têm um histórico de entrega de valor. Menos óbvios, mas mais comuns, são os CEOs que acreditam em uma proposta de valor deficiente. Em outras palavras, eles creem que sua estratégia criará valor para os stakeholders, mesmo que sua hipótese de valor não tenha sido testada e não tenha havido coleta sistemática de evidências. Esses líderes formulam uma proposta de valor e, em seguida, movimentam-se para criar uma estratégia de entrega. Em vez de testar a hipótese e apresentá-la ao debate com os stakeholders, formulam sua proposta de valor não comprovada. Normalmente, são seletivos na solicitação de opiniões, ouvindo apenas aqueles que concordam com eles ou apoiam sua visão de mundo. Os resultados são geralmente desastrosos.

Você pode pensar que isso seja incomum, mas a realidade é que os CEOs e as organizações buscam, regularmente, estratégias que, mesmo perfeitamente executadas, são mal orientadas por terem uma proposta de valor imperfeita. Ao longo do tempo, abriu-se uma lacuna entre a realidade do que está de fato se passando e o que o CEO acredita que está acontecendo. O CEO entra em negação, optando por ignorar informações que não se encaixam na sua hipótese de valor. A organização cria capacidades e fornece produtos e serviços que estão fora dos padrões do que os clientes valorizam. A última pessoa a tomar consciência é, muitas vezes, o CEO, que adota cada vez mais uma mentalidade de *bunker*, recusando-se a ouvir as evidências do mercado.

Um gerente sênior descreveu sua experiência ao aterrissar em uma área problemática, que havia sido ignorada por anos, em uma empresa. Uma estratégia não testada tinha falhado, mas até ele chegar ninguém havia feito nada a respeito:

> Quando cheguei ao meu escritório, havia mais de dois centímetros de pó na minha mesa. E esse pó lembrava a poeira que pairava na empresa. As pessoas andavam de cabeça baixa. Havia uma cultura de medo. Na minha primeira hora, senti-me agarrado a esta cultura de "não vai dar". Andei por aí como se fosse um fantasma. Nem uma única pessoa sabia quem eu era ou veio se apresentar. A minha primeira interação foi com o advogado da empresa, que disse: "Você é o novo responsável pela China? É melhor ler isso aqui, porque estamos prestes a ser processados seriamente e preciso te informar." Ainda era nove horas da manhã. Que lugar terrível. Andei um pouco, depois voltei para minha mesa e pensei: "o que vou fazer?"[6]

O que esse gerente estava experimentando era o resultado de uma estratégia que não tinha sido testada com evidências. Todos daquela área da empresa sabiam que ela estava falhando, mas a cultura do medo fez com que a mensagem não chegasse ao CEO na sede corporativa.

Na verdade, um dos fatos mais assustadores da vida de um CEO é o quão pouca informação real ele ou ela recebe. A configuração padrão das pessoas é dar boas notícias ao CEO. As más notícias raramente passam pela hierarquia. Elas precisam ser encontradas. Se você já assistiu à série de TV *Undercover Boss*, viu isso na prática. Em cada episódio, um líder empresarial se depara com a realidade cotidiana de seu negócio na linha de frente. Em praticamente todos os casos, ele ou ela fica consternado ao encontrar processos pobres, recursos inadequados, pessoas desmoralizadas e clientes insatisfeitos. O surpreendente é que requer um programa de TV para que os líderes empresariais enfrentem a realidade.

TESTANDO, TESTANDO...

Os CEOs mais esclarecidos, por outro lado, estão sempre testando propostas e hipóteses de valor com seus stakeholders. Eles são infinitamente curiosos quanto ao que os stakeholders realmente valorizam, e estão constantemente testando suas percepções em relação à realidade. Então, visitam as lojas da empresa, conversam com os clientes, circulam no chão da fábrica, agradecem aos funcionários, e muito mais.

Os líderes têm de caçar constantemente a verdade, procurando provas. Como explica Ed Rapp, presidente do grupo Caterpillar's Construction Industries, com sede em Cingapura:

> O maior risco nesse cargo — em qualquer cargo de liderança — é o isolamento e os filtros. Toda vez que olho para uma apresentação, a pergunta que faço a mim mesmo é: por quantos filtros ela já passou antes de chegar até mim? Se você se mantém presente em todos os níveis da organização, isso realmente lhe dará a capacidade de passar pelos filtros que se criam em uma grande empresa.
>
> A preocupação é que as pessoas nem sempre apresentam a realidade. O que continuo tentando ajudar as pessoas a entender é que temos muitos funcionários talentosos e, se colocarmos a realidade na mesa, estou convencido de que, como grupo, podemos consertá-la. Se não encararmos a realidade, não podemos consertar o que não vemos. Portanto, esse é o único desafio que continuo a enfrentar: fazer com que as pessoas se sintam à vontade para dar más notícias, se sintam à vontade para apresentar questões difíceis. No entanto, quando colocam a realidade em cima da mesa, precisam também apresentar soluções. Liderança não é apenas identificar problemas, mas também resolvê-los.

A verdade é evasiva. As organizações são constituídas por seres humanos, com a sua variedade habitual de preocupações, medos, preconceitos e muito mais. Compreender e captar a gama de realidades e percepções que as pessoas têm em qualquer organização é extremamente difícil, mas essencial para que o poder da fórmula do sucesso seja compreendido e explorado. A evidência deve ser o mecanismo usado para fazer emergir estes laços reais e servir de plataforma para um diálogo construtivo e contínuo.

Veja como Mick Davis explica seu papel como CEO da empresa internacional de mineração Xstrata:

> No caso da Xstrata, temos de 35 a quarenta pessoas em nossa sede e nenhum de nós aspira — ou provavelmente tem as habilidades para — executar qualquer uma de nossas operações individualmente. Podemos identificar riscos, confrontar informações e fazer as perguntas certas, e sabemos como avaliar o desempenho; o que não fazemos é tentar assumir qualquer uma das decisões de gestão das operações individuais, o que significa que não temos necessidade de construir uma burocracia.
>
> O truque para gerenciar várias operações com sucesso é delimitar "quem faz o quê". Temos um "papel do centro" claramente restrito e proibido. Na maioria das organizações, há uma confusão sobre quem assume a responsabilidade e prestação de contas, mas, se quiser ser uma organização em que seus executivos têm liberdade para agir, geralmente tem que dar-lhes essa liberdade. E isso significa uma matriz muito, muito pequena, em que não haja pessoas na sede tentando adivinhar o que as outras pessoas, que gerem os vários componentes de toda a empresa, estão fazendo.[7]

Nota-se a importância atribuída por Davis a fazer perguntas, confrontar a realidade, procurar as provas. Chegar à verdade e depois dar às pessoas a liberdade de executar.

Em uma entrevista, Richard Laxer, presidente e CEO da GE Capital Europa, Oriente Médio e África, explicou sua abordagem: "O meu trabalho é criar uma estratégia para o negócio. Gasto muito tempo nisso e a única maneira é ficar perto do que está acontecendo externa e internamente. Não pode ser uma estratégia desenvolvida a vácuo; tem que ser algo que reflita o mundo real."[8] Talvez não seja surpresa que as estratégias embaladas a vácuo tendam a ser vazias.

A capacidade de um indivíduo ou de uma organização para entregar valor nunca pode ser dada como certa. Em todas as fases é necessário testar mais de uma vez.

CRIAÇÃO DE VALOR

Para entender melhor a dinâmica de trabalho de que estamos falando, vamos dar um passo para trás. Se o valor é o caminho para o sucesso, como se cria valor?

Esse foi um ponto que apresentei a todos os líderes que entrevistei. As suas respostas foram reveladoras. Ao longo do tempo, tornou-se claro para mim que existem duas abordagens diferentes para a criação de valor como líder. Uma é sobre o *valor percebido*; a outra é sobre o *valor entregue*.

No decurso da minha pesquisa, notei que essas diferentes formas de criar valor indicavam dois tipos, ou estilos, diferentes de liderança. É mais provável que o criador do valor percebido seja um grande pensador que coloca a estratégia acima de tudo, enquanto o criador do valor entregue é caracterizado pela sua proximidade com os clientes e stakeholders. A maioria dos líderes tem uma configuração padrão, inclinando-se para uma ou outra mentalidade.

Vamos analisar o quero dizer com valor percebido.

Os líderes com uma predisposição para o valor percebido começam formulando uma proposta de valor (que é provavelmente melhor descrito como *hipótese de valor*) e depois procuram evidências para apoiar a sua estratégia. Eles têm uma noção preconcebida de como a organização pode criar valor e decretam uma estratégia para alcançá-la. Normalmente, a estratégia emana de dentro da sala do conselho e é comunicada por uma hipótese de valor que desestimula a estratégia.

Considere a história recente de uma das grandes trajetórias de sucesso da primeira onda da era tecnológica, a Hewlett-Packard. No início de 2005, surgiram notícias de uma remodelação iminente do conselho da HP. O movimento marcou o início do fim para Carly Fiorina, a controversa CEO de alto nível da empresa. Em 9 de fevereiro, Fiorina renunciou sua posição no leme da companhia de 80 bilhões de dólares. Em um comunicado à imprensa, ela declarou que sua saída estava relacionada às diferenças com a diretoria em relação a "como executar a estratégia da HP".

Antes de se tornar CEO, Fiorina tinha sido uma executiva de grande sucesso. Grande parte dele veio do seu intelecto aguçado, charme carismático e de sua ousadia estratégica. No entanto, os mesmos atributos que a levaram ao sucesso no início da carreira contribuíram para uma falta de julgamento que levou à sua queda. Os talentos de Fiorina cegaram-na para a evidência de que a estratégia escolhida estava destinada ao fracasso. Ela não ouvia as pessoas à sua volta. O ponto-chave que fez descarrilar sua carreira na HP foi não conseguir a harmonização entre os gerentes da empresa, a fim de conquistar a força de trabalho da empresa com sua visão.

Um grande fator contribuinte foi o fraco desempenho da companhia nos meses anteriores à sua partida. Mas o que manteve esse baixo desempenho e criou a tensão interna foi a polêmica fusão com a Compaq, em 2002, o que ela enxergou como a chave para o futuro da empresa. Fiorina estava tão convencida de que sua estratégia criaria valor para a empresa e seus clientes que ignorou as preocupações dos membros do conselho, incluindo Walter Hewlett, filho do co-fundador da empresa, que se opôs fortemente ao acordo. As reivindicações de sinergia não se materializaram e a empresa perdeu um valor considerável.

Na época, analisando o caso na revista Fortune, Carol Loomis perguntou: "A famosa fusão que Fiorina criou entre a HP e a Compaq produziu valor para os acionistas da HP? E com essa fusão, que existe há quase três anos, a HP está em condições de prosperar em seu mundo brutalmente competitivo? As respostas são não e pouco provável."[9]

Este foi um caso clássico de uma CEO com uma ideia muito clara do que achava que criaria valor para a empresa, mas que não conseguiu realmente confrontar as evidências e ganhar o apoio do conselho. Mais do que isso, Fiorina fez de seu valor percebido a peça central e a jogada final de sua posse do cargo.

CRENÇA LIMITADA

O tempo de Fiorina na HP exemplifica um padrão entre os CEOs com essa mentalidade. Esse tipo de líder justifica a sua estratégia com valor percebido — "uma crença". Isso pode não passar de uma hipótese de valor não comprovada, apoiada pela análise de que a proposta de valor prescrita é atraente e pode ser alcançada no futuro. Esse tipo de abordagem de liderança se baseia em formular uma proposta de valor e depois agir com base em uma crença não comprovada. O processo de engajamento é conquistar o apoio de outros gerentes e membros-chave do conselho, ao mesmo tempo em que anula as opiniões daqueles que questionam a eficácia da estratégia. Como resultado, um turbilhão prejudicial de políticas organizacionais é geralmente desencadeado.

Um gerente sênior na Austrália confidenciou que as tentativas de seu CEO de gerar uma grande mudança de estrutura e procedimentos na organização foram realizadas sem qualquer teste. "Os amigos do CEO na equipe superior e no conselho apoiaram a sua ideia, e aqueles que tentaram desafiá-la foram intimidados até o fim. Os gerentes de linha não ousaram dizer uma palavra e, no entanto, todos eles sabiam que uma nova oferta de serviços para o mercado iria falhar. Neste caso, foi a imprensa e a mídia vigilantes na Ásia e na Austrália que chamaram a atenção da diretoria para a estratégia fracassada. O que aconteceu? Nós, os gerentes gerais, levamos a culpa."

Com a abordagem de valor percebido, há um perigo real de que a estratégia se torne um dogma, pois a gerência sênior procurará justificar sua visão preconcebida do mundo e da criação de valor. Quando um trem se move, é preciso um homem ou uma mulher corajosa para se meter no seu caminho. Em determinado caso, por exemplo, encontrei uma empresa de serviços jurídicos que decidiu mudar para o setor de desenvolvimento de funcionários. O sócio principal estava convencido de que era isso que o mercado queria, mas não verificou com os clientes ou prestadores de serviços se essa mudança criaria valor. Não criou, e esse é um bom exemplo de como uma abordagem focada na estratégia pode sair pela culatra.

O que acontece a seguir é um padrão muito familiar: a criação de valor torna-se desvinculada da realidade e da evidência. A rotina e a negação tomam conta e a organização pode funcionar de acordo com as habilidades pré-existentes durante algum tempo em vez de operar na excelência. Mas, por fim, está condenada ao fracasso.

Nos últimos anos, nenhuma ideia causou mais danos nesse tema do que a busca servil pela geração de valor para os acionistas. Até mesmo Jack Welch, o célebre ex-CEO da General Electric, que consistentemente exerceu essa busca durante o seu mandato, descreveu o valor dos *shareholders* como "a ideia mais estúpida do mundo".

A preocupação com o valor acionista tem contribuído para uma crescente lacuna entre o mercado real e o de expectativas. Um dos críticos mais francos deste processo nos últimos anos é o professor Roger Martin, ex-reitor da Rotman School of Management em Toronto. Em seu livro *Fixing the Game*, Martin ressalta que os CEOs e suas principais equipes são muitas vezes incentivados a se concentrarem mais nas *expectativas* de sucesso e valor do que na criação de valor real por meio dos bens e serviços que suas empresas produzem.

O "mercado real", explica Martin, é o mundo em que as fábricas são construídas, os produtos são projetados e produzidos, os produtos e serviços reais são comprados e vendidos, as receitas são recebidas, as despesas são pagas e os dólares de lucro real são vistos no resultado final.

O "mercado de expectativas" é o mundo em que as ações de empresas são negociadas entre investidores — em outras palavras, o mercado de ações. Neste mercado, os investidores avaliam as atividades do mercado real de uma empresa naquele instante e, com base nessa avaliação, formam expectativas quanto ao desempenho futuro dessa companhia. A visão unânime dos investidores e investidores em potencial em relação às futuras expectativas de desempenho molda o preço das ações daquela empresa.

"O que levaria [um CEO]", pergunta Martin, "a fazer o trabalho árduo e de longo prazo para melhorar substancialmente o desempenho real quando ele pode escolher simplesmente trabalhar aumentando as expectativas? Mesmo que a empresa tenha um bônus de desempenho vinculado às métricas do mercado real, o tamanho desse bônus tipicamente empalidece em comparação ao tamanho de seus incentivos baseados em ações. As expectativas estão onde o dinheiro está. E, claro, melhorar o desempenho do mercado real é a maneira mais difícil e lenta de elevar as expectativas em relação ao nível existente."[10]

VALOR ENTREGUE

Enquanto alguns líderes operam nos mercados de expectativas, outros reúnem evidências de stakeholders internos e externos para determinar o valor que a organização está entregando hoje e pode entregar no futuro. Uma estratégia é então implementada para apoiar esses resultados, e é deliberadamente exposta às contestações dos stakeholders para criar engajamento. Estas são organizações orientadas para a entrega de valor.

Conectar os pontos da realidade em um cotidiano dinâmico é essencial para realmente entregar valor. Alexey Marey, diretor executivo do Alfa Bank, um dos maiores bancos comerciais privados da Rússia, que opera nos mercados bancários turbulentos e em rápida mutação da Rússia e da Ucrânia, explica:

> Historicamente, dissemos que tentaríamos criar valor na vida das pessoas. Isso significa coisas diferentes para vários grupos de indivíduos. Nós somos os melhores em *internet banking* e *mobile banking*. Somos os melhores na experiência do cliente, por isso nos preocupamos. E é isso que tentamos promover. Competimos com rapidez e profissionalismo. Procuramos ser mais inteligentes porque damos mais liberdade às pessoas. Um dos nossos valores fundamentais é o empreendedorismo,

porque somos uma propriedade privada e, por conseguinte, isso permite que as pessoas não só trabalhem de acordo com as regras, mas que também as criem. Isso gera uma certa cultura dentro do banco. E o centro dessa relação é a sua conta corrente — a conta que é usada todos os dias.

Visto dessa forma, o valor não é uma noção abstrata, mas um ponto de contato inevitável e comum. As empresas bem-sucedidas, ao longo de vários anos, encontram formas de imprimir seus valores e abordagens nos atos de criação e na entrega de valor.

Essa questão chegou forte até mim quando estava falando com John Neill, presidente e diretor executivo das empresas do Unipart Group:

> O Unipart Way é uma filosofia de trabalho sustentada por ferramentas e técnicas que fazem parte dos nossos sistemas de gestão do conhecimento. Mas, para compreendê-lo, geralmente é preciso vê-lo em ação, e assim nós criamos uma experiência que inclui nossa universidade da empresa; um centro de distribuição de ensino, de fábrica e de informática que permite aos funcionários, atuais e novos, bem como os nossos clientes em potencial, ver o Unipart Way em funcionamento, o que geralmente permite-lhes compreender o seu poder. Muitos então nos perguntam se poderíamos implementar o Unipart Way para eles. E muitas vezes a resposta é sim.

O recolhimento e a avaliação das evidências são fundamentais para o Unipart Way. Em particular, isto inclui:

- integrar o Unipart Way, ferramentas, técnicas e cultura nos escritórios, centros de distribuição, fábricas, tudo e além do que seja Unipart;
- promover uma filosofia de resolução de problemas que envolva a todos;
- enfatizar uma abordagem baseada em evidências por meio da coleta de dados pertinentes para melhorar a qualidade, o custo e as questões de desperdício, de cima para baixo da organização;

- tornar-se independente, autoconfiante e autossuficiente nas tarefas e técnicas, que são a base de conhecimento do Unipart Way, e
- agir como um coach para os outros.

Desta forma, a Unipart combina o lado objetivo da evidência com o lado subjetivo do engajamento.

Líderes como John Neill se esforçam para criar uma cultura que constantemente interpela as evidências para testar a estratégia. Líderes desse tipo são impulsionados pela criação de valor, entre os stakeholders que se encontram fora da sala da diretoria e estão focados em "provar" sua estratégia todos os dias com as evidências coletadas. Isto é o "valor entregue".

EQUACIONAR O SUCESSO

À medida que essas duas visões de mundo se tornaram mais claras a partir das minhas entrevistas, criei uma forma abreviada de indicar cada abordagem. Ela usa os três elementos descritos anteriormente — estratégia, engajamento e alinhamento. O que descobri foi que os três elementos eram importantes para ambas as abordagens, mas a forma como são combinados é significativamente diferente. Em algumas organizações, a estratégia vem em primeiro lugar e é usada para impulsionar o engajamento e o alinhamento. Eu indico isto como:

ESTRATÉGIA X (ENGAJAMENTO + ALINHAMENTO)

Nas organizações impulsionadas pelo EST X (ENG + AL), o foco da liderança está na criação e implementação da estratégia. Infelizmente, os dois outros elementos que compõem o contexto — engajamento e alinhamento — não são incluídos na estratégia. Se a soma deles não for um número positivo, então a estratégia por si só não criará valor, pois é simplesmente um multiplicador dos seus valores combinados. (Esta é a *strategy multiplied*)

O que emergiu da pesquisa é que a estratégia é importante, mas *não é* o fator mais relevante. O fundamental para o sucesso a longo prazo é obter o equilíbrio entre a realidade do engajamento e a do alinhamento estrutural e sistêmico, e a relação delicada entre engajamento e alinhamento, para fazer com que as coisas aconteçam nesse instante, versus o pensamento estratégico, que visa moldar o futuro.

A pesquisa forneceu resultados surpreendentes, desafiando alguns pontos-chave do pensamento tradicional das escolas de negócios. Desde 1920, a maneira como essas escolas ensinam tem sido fortemente influenciada pela abordagem da Chicago School of Economics, que enfatizou a importância de se ter uma estratégia correta para obter vantagem competitiva.

Tal pensamento foi baseado na filosofia racionalista de Sir Francis Bacon. A essência do racionalismo é que "uma vez que esteja claro para todos qual é a estratégia certa, então todos estarão alinhados". No entanto, minha pesquisa indicou que esse racionalismo não é a mentalidade dos líderes que criam e entregam as melhores práticas. Acertar na estratégia é o primeiro passo. O segundo passo é manter sob controle as tensões e a realidade contextual de cada organização entre o alinhamento e o engajamento. O que esta pesquisa mostra é uma mudança fundamental na ênfase da liderança.

Passamos de um mundo em que a liderança consistia em formular uma proposta de valor, criar uma estratégia de apoio e depois executá-la, para um em que a liderança consiste em *testar* uma proposta de valor com os stakeholders para então criar o equilíbrio certo entre alinhamento e engajamento, a fim de desenvolver uma estratégia que possa ser implementada.

O velho modelo de liderança era impulsionado pela crença do líder. O novo modelo é impulsionado pela evidência, que promove a crença da organização no que o líder e a estratégia estão tentando fazer.

Para melhor explicar isso em minhas entrevistas, desenvolvi uma fórmula — não no sentido científico, mas como um memorando de ajuda, um lembrete útil; um meio constante e simples de dar sentido a esses fenômenos organizacionais com que eu estava tendo contato.

A fórmula do sucesso predominante, descrita anteriormente — pense no exemplo da HP —, é quando uma organização é liderada pelo valor percebido. Isto é o equivalente corporativo a pôr a carroça à frente dos bois. A estratégia é usada para impulsionar o engajamento e o alinhamento. Em outras palavras, a estratégia vem primeiro e, em seguida, espera-se que os participantes a executem — mesmo que não concordem com ela ou não tenham sido consultados. O foco da liderança é acertar a estratégia. O resultado é geralmente a resistência, levando a uma organização relutante e altamente politizada, que provavelmente irá fracassar.

O foco de liderança desta prática pobre, mas comum, pode ser resumido em:

ESTRATÉGIA X (ENGAJAMENTO + ALINHAMENTO) = PROPOSTA DE VALOR

Pior ainda é a situação em que a empresa segue uma estratégia baseada em uma hipótese de valor sem comprovação, e a organização está alinhada a ela. Este é o equivalente corporativo de nadar, nadar, e morrer na praia. É resumido como:

(ESTRATÉGIA X ALINHAMENTO) + ENGAJAMENTO = PROPOSTA DE VALOR

Quando o único objetivo é cortar os gastos do negócio, esta fórmula pode funcionar a curto prazo, mas a um custo humano e cultural. (Isso pode ser descrito como *engagement plus*.)

Um executivo me confidenciou como a forma com que seu CEO cortou os gastos do negócio acabou levando-o a perder seu emprego e muito mais:

> Ele organizou a estratégia e então nós, como uma equipe, dividimos nossas funções e quem era responsável pelo quê e, em seguida, simplesmente forçamos a nova estrutura na organização. Muitos ficaram

traumatizados. Eles estavam lá há anos, eram bons e leais e, de muitas maneiras, bem capazes de contribuir. Mas não se enquadravam na nova consciência de custo que era necessária. O custo foi realmente cortado, e rapidamente. Muitos saíram, mas também novas contratações foram feitas, que não tinham relação com nossa história e cultura, e a nova organização foi construída sobre eles. Enfrentamos então a situação muito embaraçosa de ter que fazer com que o CEO saísse. Certamente não foi ele quem construiu a nova entidade. Era apenas odiado, embora o que estivesse fazendo fosse correto. Foi preciso muita coragem e conversas difíceis com o presidente e o conselho para persuadir o CEO a sair. Quando ele foi embora, ficamos todos aliviados. Se ele tivesse ficado, teria destruído a mesma entidade que criou.

A MELHOR FÓRMULA

As organizações que encontrei que haviam sustentado o sucesso durante muitos anos tinham fórmulas diferentes para alcançá-lo. Elas estavam focadas na entrega de valor. O ônus estava em alcançar o engajamento e o alinhamento da visão. Esses dois elementos, juntamente com as condições de mercado, constituíram o contexto em que a organização tinha de operar e, portanto, em que a estratégia tinha de ser eficaz. A estratégia foi então adicionada para apoiar e servir à proposta de valor comprovada.

Em outras palavras, nas empresas com melhor desempenho, a estratégia combina com o contexto e não o contrário. Em vez de tentar moldar o contexto para se adequar à estratégia, essas organizações dão grande importância à coleta de evidências para entender o contexto. Essa abertura de mentalidade e vontade de considerar múltiplos pontos de vista — ou, melhor dizendo, essa disposição para a diversidade de pensamento — permite-lhes maximizar o alinhamento e o engajamento. Nessa perspectiva, o objetivo da coleta de evidências é otimizar estes dois componentes (alinhamento e engajamento). As evidências recolhidas podem apoiar ou desafiar a proposta de valor que sustenta a estratégia.

Seja como for, a gerência sênior deve ouvi-las. Se a evidência contradizer a proposta de valor, então a estratégia tem que mudar. A coleta de evidências se torna o cinto de segurança que impede uma organização de embarcar em uma estratégia desastrosa. A plena compreensão do contexto aguça a estratégia.

O foco de liderança desta abordagem baseada em resultados pode ser resumido em:

ESTRATÉGIA + (ENGAJAMENTO X ALINHAMENTO) = ENTREGA DE VALORES

A lógica do EST + (ENG X AL) é: primeiro, alcançar um consenso sobre onde se encontra o valor e qual é a capacidade da organização para entregá-lo. Então, e somente então, formular uma estratégia para entregar esse valor e testar constantemente essa estratégia e os pressupostos que a sustentam com os stakeholders e com a realidade. Este é o *strategy plus*.

Compreender a fórmula do sucesso — EST + (ENG X AL) = E.V. — e as disciplinas que ela envolve é o foco do resto do livro.

COMPREENDER O VALOR: RESUMINDO

- Sucesso é entrega de valor.
- Nossa compreensão do que constitui valor está em constante evolução e difere de organização para organização e de indivíduo para indivíduo.
- Existem duas abordagens gerais para criar valor como líder: valor percebido e valor entregue.
- O valor entregue exige um questionamento constante da realidade e o recolhimento de evidências.
- Houve uma mudança nas empresas com melhor desempenho, passando de ter uma estratégia certa e estruturação para ter uma abordagem em duas etapas, acertar a estratégia e depois prestar atenção ao equilíbrio único de alinhamento e engaja-

mento do contexto.

- As empresas com melhor desempenho têm uma estrutura que precede a estratégia para iniciar a mudança.
- ESTRATÉGIA + (ENGAJAMENTO X ALINHAMENTO) = ENTREGA DE VALOR

PERGUNTAS-CHAVE

- Na sua organização, o que realmente constitui o sucesso?
- O valor é realmente entregue?
- Você é um líder que busca suas próprias ideias e convence os outros do seu potencial?
- Você é um líder que está disposto a testar suas ideias por meio de evidências e ver o que sobrevive à análise?
- O que é que as pessoas à sua volta pensam de você?
- Se é o presidente, que critérios utiliza para avaliar a estratégia e as propostas de valor, sua e da equipe de gestão?
- Se é o CEO, você aproveita as opiniões da equipe de gestão sobre as estratégias que deseja seguir?
- Se você é um diretor geral, o que faz quando é improvável que a estratégia delegada a você funcione?

2

DIVERSIDADE DE PENSAMENTO

O ponto de partida para este livro foi o sucesso sustentável. Como e de que forma algumas organizações conseguem alcançar o sucesso repetidamente? Como vimos, sucesso tem a ver com a criação de valor. Isso levou a um exame do valor em todas as suas muitas formas. Criar valor — e assim alcançar o sucesso — significa coisas diferentes para pessoas diferentes, em momentos e situações diferentes.

Quanto mais conversava com gerentes e líderes, mais começava a perceber que esta simples observação sobre o sucesso tinha profundas implicações. Os stakeholders enxergam a organização por meio de diferentes lentes, dependendo de onde se encontram. Se o sucesso tem múltiplos significados e interpretações dependendo do seu ponto de vista dentro da organização, então a melhor maneira de alcançá-lo também terá diferentes ângulos. Pense em como criar um mapa tridimensional de uma área que você deseja atravessar. Pode não ser óbvio, a partir do topo de uma colina, que um patamar abaixo esteja coberto por pântanos, ou que haja um despenhadeiro profundo no caminho. O mesmo se aplica a uma organização que tenta criar uma estratégia.

Só por meio da compreensão da diversidade dos pontos de vista é que a liderança pode esperar ver o quadro completo. Por meio do levantamento da área a partir de várias posições, é possível construir uma vista integrada que combina o conhecimento do terreno com a vista da colina. A diversidade dos pontos de vista — o que eu chamo de *diversidade de pensamento* — torna-se uma vantagem competitiva. O sucesso exige tanto a entrega de valor como a diversidade de pensamento.

Muito do recente debate sobre diversidade foca na melhor forma de permitir que as diferentes vozes sejam ouvidas — um objetivo totalmente pertinente e importante. Tipicamente, isso é caracterizado de acordo com as orientações de gênero, raça e religião. Estas são maneiras úteis, mas limitadas, de descrever como o mundo é enxergado a partir do ponto de vista de um indivíduo. Como veremos mais adiante neste capítulo, um estudo recente mostra que o gênero e a nacionalidade estão no final da lista de prioridades quando se trata de diversidade. O que realmente acrescenta valor à conversa é a capacidade de procurar diferentes perspectivas e pontos de vista, ver o mundo por meio dos olhos dos outros. Esse é o aspecto realmente crítico da diversidade na vida organizacional. Ele fornece uma maneira de promover o alinhamento e o engajamento necessários para alcançar a equação de sucesso.

É evidente que a diversidade entre indivíduos é importante, mas a diversidade de pensamento é o elemento essencial. Sem ela não haverá verdadeira diversidade. Da mesma forma que há pessoas que vivem a experiência referente a um ano vinte vezes, há equipes culturalmente diversas que olham para o mundo como cegos. A diversidade de pensamento é o que precisamos construir nas organizações.

O CAMINHO PARA A DIVERSIDADE

Isso foi ficando claro à medida que as minhas entrevistas progrediam. Comecei a notar um padrão: gerentes seniores falaram sobre as dificuldades de alinhar os múltiplos significados de sucesso e perspectivas operacionais de uma forma que envolva o entusiasmo de seus funcionários para executar a estratégia. Muitos desses gerentes entenderam que, sem as coalizões e o apoio necessários no nível mais baixo da organização, especialmente no nível de diretor geral, eles não poderiam entregar a proposta de valor.

Os gerentes da linha de frente, no entanto, tinham uma preocupação diferente. Repetidas vezes explicaram como, ao ignorar os obstáculos que enfrentavam na sua parte do negócio (o pântano ou os despenhadeiros), a estratégia estava condenada ao fracasso.

Os gestores gerais, em particular, tinham informações e evidências importantes que os quadros superiores precisavam conhecer para evitar tomar más decisões. Os gerentes gerais tinham um ponto de vista único dentro da organização e queriam ser ouvidos. Queriam ter uma voz no debate.

Esta variedade de opiniões e pontos de vista, dentro de qualquer organização, é a essência da diversidade de pensamento, e cheguei à conclusão de que é absolutamente vital para o sucesso sustentado de qualquer empresa. De fato, minha pesquisa sugere que os líderes que alcançam sucesso sustentado aplicam amplas interpretações de valor e enfatizam a importância de criar valor para grupos de stakeholders. Eles encorajam e recompensam a diversidade de pensamento.

Robert Swannell, presidente da varejista britânica Marks and Spencer, está entre os líderes empresariais seniores que promovem a diversidade de pensamento. "Deve-se trazer calma e clareza a alguns problemas difíceis de resolver. O que sempre tentei fazer foi construir ao meu redor grupos de pessoas que gostam de trabalhar comigo e umas com as outras, e isso significa dar-lhes a liberdade e o reconhecimento do seu papel no sucesso de qualquer coisa que eu realize. É necessário um estilo de liderança que ajude as pessoas a fazer parte disso." Este tipo de inclusão é um componente fundamental da diversidade de pensamento.

UMA FORMA DE TRABALHAR

Em Xangai, perguntei a um grupo de executivos o que um líder recém-nomeado para a China precisava saber sobre os chineses. Alguns disseram que era uma combinação de conhecimento da história da China, da cultura chinesa, do povo chinês e das particularidades de Xangai. No entanto, uma opinião se destacou entre as outras. Sim, o conhecimento da China e dos chineses é interessante para uma conversa no jantar, mas para fazer negócios no país é necessário ter uma mentalidade de diversidade de pensamento. Por quê? Porque compreender a sua vantagem competitiva e a dos outros vai gerar uma vantagem crítica. Ao abraçar a diversidade, a empresa se diferencia das demais.

Estas palavras são repetidas em todo o mundo por alguns dos líderes de mais alto desempenho que conheci. Não é o conhecimento da cultura nacional, mas sim uma atitude mais positiva em relação à diversidade de pensamento que contribui para a fórmula do sucesso. Um conjunto de pessoas de várias partes do mundo ainda pode oferecer uma visão limitada. Da mesma forma, uma equipe formada por indivíduos culturalmente iguais pode oferecer diversidade de pensamento.

A diversidade de pensamento emerge tanto como um conceito vital quanto como um conceito de alinhamento e engajamento. Na verdade, o engajamento e a diversidade de pensamento são duas faces da mesma moeda. Um não pode funcionar sem o outro.

As organizações que mais me impressionaram foram as que abraçam, de forma real e poderosa, a diversidade de pensamento. Quanto mais as estudei, mais me dei conta de que a diversidade de pensamento não é apenas retórica nessas organizações, mas um *modus operandi*. Elas são bem-sucedidas porque ouvem e mostram respeito pelos diversos pontos de vista. Usam a diversidade de pensamento como uma plataforma para reunir evidências sobre as forças externas do mercado e as capacidades internas, e ajustam a estratégia em conformidade.

Verdade seja dita, minha pesquisa destaca descobertas inesperadas sobre a diversidade. Atender às diferenças culturais, nacionais, regionais ou religiosas não acrescenta muito valor ao funcionamento eficaz da organização. Isso indica que uma grande parte do dinheiro da empresa é desperdiçado. Uma iniciativa para se ter mais mulheres nos escalões seniores de uma empresa não faz sentido se, fundamentalmente, a cultura da companhia não abraçar a diversidade de pensamento. Uma abordagem de mente aberta não funciona em uma organização de mente fechada.

Desenvolver uma cultura de diversidade de pensamento permite que a organização se envolva melhor com uma grande variedade de planos e interesses e os integre, permitindo a busca pela missão da empresa.

A diversidade de pensamento permite que essas organizações vejam o mundo por meio dos olhos de seus stakeholders — funcionários, clientes, fornecedores, acionistas, comunidades locais — e respondam à sua natureza sempre mutável. A diversidade de pensamento lhes proporciona os olhos e ouvidos para compreender e capitalizar o seu universo empresarial. Isso, eu acredito, é uma abordagem que permite que as organizações executem uma estratégia global.

PENSAMENTO GLOBAL

A palavra global é a chave para qualquer compreensão moderna da diversidade de pensamento. O contexto para a entrega da fórmula do sucesso é agora verdadeiramente global. As organizações são globais; logo, os líderes têm que ser globais, em termos de perspectiva e experiência. Em seu livro *The Culture Map*, Erin Meyer, da Insead, destaca o interessante argumento de que ser um executivo global já foi, em um momento, a preservação dos poucos escolhidos que viajavam pelo mundo, mas agora esse termo é muito mais genérico — gerentes internacionais talvez nunca deixem suas mesas, mas podem enviar e-mails, realizar ligações por Skype, chamadas de conferência e se comunicar com pessoas de outras culturas. Somos todos globalistas.

Muitos líderes que entrevistei tinham histórias fascinantes sobre como suas atribuições, seus projetos e suas experiências internacionais — sem mencionar os desafios — moldaram sua liderança. É a partir da diversidade de formação e experiência que as pessoas desenvolvem um ponto de vista único, que promove a diversidade de pensamento. É a diversidade de pensamento, em vez de gênero, raça ou fé, o elemento mais poderoso e benéfico na capacidade de uma organização para sustentar o sucesso. Ao implementar diversidade de pensamento, gênero, raça e fé são aproveitados em todo o seu potencial.

Jeff Fettig, presidente e CEO da Whirlpool:

Eu cresci em uma cidade pequena, em Indiana, e brincando digo às pessoas que por dezoito anos não me lembrava de já ter deixado o município! Certamente, nunca estive a uma distância maior do que o raio de duas cidades. E então, nos meus primeiros dez anos na Whirlpool, realmente fui longe, vivendo por todos os Estados Unidos; quando começamos a executar nossa estratégia de globalização, eu estava na onda inicial de expatriados americanos. Certamente me ajudou e moldou minha forma de pensar, mas também contribuiu para a empresa como um todo.

Nós, mesmo naquela época, falávamos sobre diversidade. Mas, uma vez que você viaja e, particularmente, vive no exterior, imerge em diferentes culturas e aprende que os EUA são bastante isolados, e que nem sempre têm uma boa perspectiva do que acontece fora do país.

Então, o que Jeff Fettig aprendeu?

Você aprende que existem diferentes maneiras de pensar sobre as coisas — algumas com as quais você pode concordar, outras não, mas que, mesmo assim, não são necessariamente certas ou erradas, são apenas diferentes. E é aí que começamos a compreender a diversidade. Então, por todas essas razões, foi ótimo para mim, na minha carreira e como pessoa. Obrigou-me a demonstrar, sem abandonar as organizações, que se podia operar em mercados muito diferentes, porque os nossos negócios fora dos EUA eram completamente diferentes daqueles dentro do país. Então você tem, de certa forma, uma experiência de multiempresa dentro de uma só empresa. E isso era uma parte crítica da nossa estratégia, por isso tive sorte de estar onde a nossa estratégia estava sendo implementada em tempo real.

Acho que há um grande mito de que existem todas essas diferenças culturais entre as pessoas. Minha opinião é que há diferenças culturais, mas não entre as pessoas — há apenas diferenças culturais entre culturas, e as pessoas são pessoas — e que a prática que funciona melhor em uma parte do mundo provavelmente também funcionará em outras partes do mundo. Há 25 anos demonstramos que isso é verdade. Se respeita as culturas e as pessoas, então vai se sair bem em qualquer lugar do mundo.

MAIOR DIVERSIDADE

Vendo todos esses modelos de inspiração no topo da maioria das grandes organizações, é surpreendente que incentivar e viabilizar a diversidade ainda seja um tema em discussão. Mesmo na segunda década do século XXI, muitos conselhos corporativos continuam surpreendentemente carentes de diversidade.

O debate sobre a diversidade tende, inevitavelmente, a ficar restrito em quantas — ou quantas poucas — mulheres compõem os conselhos administrativos. Isso é muito importante. Mas, apesar de toda a publicidade que esta questão atrai e da implementação de cotas em alguns países, os números continuam baixos. De acordo com um estudo da Heidrick & Struggles na Europa, a proporção de mulheres nos conselhos de administração é de 17%. Este número aumenta quanto mais ao norte você procurar. As proporções mais baixas encontram-se em Portugal (7%) e na Polônia (8%). A melhor notícia é que a tendência é de alta. A proporção de mulheres nos conselhos administrativos europeus aumentou quase 70% nos últimos quatro anos. Também é notável que as mulheres são mais propensas a ocupar os cargos de diretoras não executivas.[1]

A idade é outra área de debate explorada pela pesquisa europeia da Heidrick & Struggles. A realidade é que as pessoas nos conselhos das empresas tendem a ser aquelas que acumularam anos de experiência relevante e útil. Na Itália e Espanha, cerca de um em cada seis membros do conselho tem mais de setenta anos. A pesquisa mostra que a idade média geral dos diretores é de 58,3 anos. Os presidentes tendem a estar na casa dos sessenta anos e os CEOs, na casa dos cinquenta. Mais de um terço dos membros dos conselhos administrativos europeus tem alguma experiência como diretores executivos.

Os conselhos também estão se tornando mais internacionais em sua formação. A proporção de conselheiros não nacionais nos quadros é de 30%, contra 23% em 2009. As empresas estão cada vez mais ansiosas para adicionar membros com experiência e especialização na Ásia.

A vontade de mudar parece real. Na sua pesquisa europeia, a Heidrick & Struggles concluiu que um total de 63% dos inquiridos classificou a mistura de diversidade como sendo importante para a eficácia do conselho diretor.[2] Se os conselhos devem estar mais atentos ao ambiente externo, a sua formação deve refletir esse ambiente. "Você precisa de um quadro diversificado, e me refiro a uma diversificação de mentes. Todas as perguntas são feitas e precisam ser feitas de diferentes ângulos", afirmou um presidente com experiência internacional de uma multinacional.

Naturalmente, uma coisa é ter a vontade de construir um conselho administrativo mais diversificado e outra, bem diferente, é estar disposto a fazê-lo. As pesquisas da Heidrick & Struggles mostram que quase dois terços dos diretores acham difícil contratar minorias étnicas bem qualificadas e mais da metade relatou ser difícil contratar diretoras qualificadas. Também não existe uma confiança generalizada nos mecanismos de promoção da diversidade. A pesquisa da Heidrick & Struggles sugere que, entre os homens nos conselhos administrativos, apenas 13% apoiam cotas, em comparação com 41% das mulheres diretoras.

Os membros dos conselhos argumentam fortemente que a diversidade pela diversidade é perigosa e provavelmente autodestrutiva. Em vez disso, a diversidade deve estar enraizada na meritocracia e na realização dos objetivos empresariais. As necessidades do negócio impulsionam a diversidade.

Uma maior diversidade parece ser uma tendência incontrolável. "Os conselhos também precisarão ampliar suas lentes para além dos executivos com experiência operacional e procurar candidatos diversos, que estejam em cargos funcionais, ex-líderes governamentais ou militares, que sirvam sem fins lucrativos ou que sejam empreendedores", prevê o relatório da Heidrick & Struggles intitulado "Bringing Asia Onto the Board".[3]

COMPONENTES DA DIVERSIDADE

Meu estudo divide a diversidade de pensamento em cinco componentes:

Paixão pela diversidade de pensamento

O desejo de buscar algo novo e fugir da rotina e da previsibilidade, que inibe o impulso de explorar, é o primeiro sinal de possuir paixão pela diversidade de pensamento. Líderes com tal paixão muitas vezes têm interesse e são capazes de conversar sobre uma série de assuntos. A sua presença atrai uma atenção bem-vinda, pois são capazes de impressionar os outros, sem querer, com a sua gama de conhecimento. Como um executivo sênior chinês me disse: "John é uma pessoa interessante para se fazer negócios. Não nos limitamos a falar de números e resultados, mas temos conversas em muitos campos. O meu pessoal já se interessou por ele. São os seus conhecimentos sobre a psique chinesa que eles acham mais atraentes."

Ed Rapp, da Caterpillar, contou-me o seu passado:

> Eu venho de uma cidade muito, muito pequena no meio oeste com uma população de setecentos habitantes e tinha três irmãos mais velhos que seguiram para o negócio da família. Quando foi a minha vez, decidi que o negócio não era grande o suficiente para um quarto filho e convenci meus pais a me deixarem ir para a faculdade a mais de 45 mil quilômetros, na Universidade de Missouri. Eu me formei em 1979; o entrevistador da Caterpillar veio ao campus e me candidatei, como todos fazem, a uma entrevista de emprego, e o que realmente me intrigou foram as operações globais da Caterpillar. Perguntei ao entrevistador se na CAT era realmente possível experienciar o globo. Já usei a sua resposta milhares de vezes, ele disse: "Jovem, a Caterpillar é uma empresa onde, se você trabalhar duro e se aplicar, pode conhecer o mundo e ser pago para isso." É o que tenho feito nos últimos 35 anos.
>
> Mas adaptar-se às culturas globais não é tão fácil como parece. Passei por três momentos para me ajustar à diversidade cultural. O primeiro foi "por que não fazem à minha maneira, será muito mais fácil". Não foi um

> momento muito bem-sucedido. O segundo foi compreender as diferenças na forma como as pessoas do norte da Europa olham para um processo em relação a alguém do sul ou da América Latina. Mas o terceiro momento, e penso que provavelmente seja o grande benefício de passar tanto tempo na Europa quanto passei, foi compreender que a diversidade cultural é boa para as empresas. As pessoas vão olhar para as coisas de um ângulo diferente, isso nos protege dos nossos pontos cegos, então acho que o debate e a discussão se baseiam no conhecimento que têm sobre o negócio, mas também no fato de apenas olharem para as coisas de uma perspectiva diferente da que talvez eu tenha.

Os melhores líderes estão abertos a novas experiências e perspectivas. Eles têm uma paixão por aprender sobre si mesmos e descobrir o mundo. Desenvolvem-se em etapas, mas constroem uma visão de mundo, bem como novas visões sobre si mesmos.

Presença internacional

Ter presença internacional não é predeterminado. Muitos dos líderes com quem falei procuraram por isso ativamente. O que achei incrível ao conversar com líderes empresariais em todo o mundo foi o impulso global de suas carreiras. Não que suas carreiras parecessem predeterminadas, mas, uma vez que se moviam, pareciam ter vida própria. Por exemplo Sam Su, da Yum! Brands na China. Foi assim que ele explicou a sua carreira:

> Minha família é da China continental, mas eu cresci em Taiwan e terminei todos os meus estudos até o nível universitário lá. Servi ao exército por alguns anos; depois vim para os Estados Unidos para estudar em um curso de engenharia na Universidade Estadual da Pensilvânia. Depois de dois anos, voltei para Taiwan e trabalhei lá. Trabalhei para uma empresa petroquímica por três anos e depois decidi que não era a carreira que eu queria, então voltei para os Estados Unidos e estudei na Wharton. Obtive um MBA e recomecei minha carreira. Fui recrutado pela Procter & Gamble para o seu mercado internacional. Fui para a Alemanha, trabalhei durante três anos lá para obter uma espécie de certificação e me tornei gerente de

> marca. Depois fui mandado de volta para Taiwan. Trabalhei mais três anos na Procter como gerente de marca e sócio. Então, em 1989, decidi que já era o suficiente.
>
> Juntei-me à KFC International, primeiro no Japão. Estava interessado no que acontecia no país e tínhamos um negócio muito bem-sucedido lá. E então as coisas mudaram. Depois de seis meses passamos por uma reorganização e pediram-me para me mudar para Hong Kong. Com isso, tornei-me diretor de marketing da Ásia-Pacífico. Devido à reorganização, o meu território expandiu-se para incluir a China. Cheguei à China no fim de 1989. Com o meu chefe como líder da Ásia-Pacífico, percebemos que a China era mal gerida, e por isso mudamos a equipe de gestão. Tornei-me, como um segundo cargo, diretor geral interino da China. O trabalho na China como diretor geral aumentava com o passar do tempo, então permaneci no cargo e, gradualmente, deixei a responsabilidade como diretor de marketing. Juntamente a essa mudança, o meu território de responsabilidade continuou reduzindo. Já fui líder da Ásia do Norte, e depois restringi até o território da Grande China. No final, reduzi apenas para a China continental. Mas o fato era que os negócios no país estavam crescendo tanto que eu não ganhava menos: recebia mais. Também tinha um título maior, e assim fui seguindo. Vinte e poucos anos depois, ainda estou aqui, e agora sou o presidente-CEO da região da China.

Para os líderes bem-sucedidos, a experiência verdadeiramente global é essencial para o momento, mas, como Sam Su, eles têm que buscá-la e serem capazes de maximizar o seu valor organizacional e pessoal.

Comunicação aberta

Perguntei à Catherine Livingstone, presidente da Telstra, sobre a composição do seu conselho administrativo:

> O valor de primeira ordem é o desafio. Não há ninguém no quadro que seja uma mosca-morta, isso é certo, e eles criarão desafios de diferentes perspectivas. Acabamos de enfrentar um debate de cinco horas e, por causa disso, os resultados serão melhores. Como há uma boa relação entre a

diretoria e a gerência, a gerência não se sente ameaçada pelo desafio e, na verdade, está feliz em se afastar e, por isso, os resultados serão melhores. Houve uma questão em particular que discutimos hoje, em que a gerência apresentou uma proposta em relação a uma situação complicada, e alguns dos membros do conselho acharam que era a coisa certa a fazer, enquanto outros não concordaram. Como resultado desse desafio, acabamos encontrando uma solução melhor, uma que ninguém tinha pensado inicialmente. Bem, nós esperamos que seja uma solução melhor, mas acho que o conselho agrega valor porque eles vêm de diferentes perspectivas, diferentes setores; é a diversidade de pensamento. Então as diferentes perguntas que fazem podem não ser desafios, mas talvez sejam perguntas que aumentem a compreensão. Mas, mais uma vez, isso leva à evolução das ideias.

Kevin Lobo, presidente e CEO da Stryker Corporation, nasceu na Índia, cresceu em Montreal e trabalhou nos Estados Unidos e na Europa. Quais conhecimentos ele adquiriu ao longo do caminho?

Aprendi a ter uma mente mais aberta ao viver em diferentes países, bem como ao mudar de indústrias. Eu me tornei mais receptivo sobre quais modelos de negócios são necessários para impulsionar o sucesso; não se pode simplesmente usar a mesma ferramenta para cada situação. Isso é uma grande vantagem.

Também me adapto a diferentes estilos. Você se torna muito mais flexível como líder, e se torna mais perspicaz para olhar por meio de estilos, para entender quais, realmente, são os motivadores do negócio, quais pessoas podem ser bem-sucedidas, e passa a não ter uma visão medíocre de talento quando faz as avaliações.

Temos membros do conselho com diferentes origens. Isso se relaciona com ser mente aberta; se alguém é desafiador, nunca começo com uma atitude defensiva. O termo que usamos nos esportes americanos é jogar em casa e jogar fora de casa, se você não jogar fora de casa com frequência em sua vida, tenderá a pensar que está certo; será defensivo, e mais enraizado em suas aproximações. Se jogar muito tempo fora de casa, em ambientes estrangeiros, então terá uma forma diferente de operar, em que será mais propenso a ouvir e a estar aberto a sugestões diversas. Não significa que não seja confiante, mas há outro nível de abertura de pensamento.

Para Kevin Lobo, a exposição a diferentes culturas e modos de vida criou a abertura de pensamento que induz a uma atitude positiva ao desafio. Ele continua:

> A maior surpresa ao me tornar o novo CEO foi a quantidade de tempo que você pode gastar com seu conselho; é de vital importância e tem sido muito gratificante. Os membros compartilham suas perspectivas únicas comigo e me dão conselhos sobre como eu poderia ser mais eficaz, como podemos trabalhar juntos e, por fim, como podemos aumentar o valor para os acionistas. Descobri que meu tempo com cada membro do conselho e com todo o grupo foi muito, muito útil. Então, quando estou viajando, visito um dos membros. Acho esse momento extremamente importante, e francamente, isso ajudou a criar confiança entre o quadro geral — saber que eu tenho essas relações individuais, e que eles podem conversar comigo sobre algo não relacionado às reuniões.

A questão da confiança foi reforçada muitas vezes neste estudo. Robert Swannell, da Marks and Spencer, entende o ponto admiravelmente:

> A confiança é um componente muito importante. As pessoas que eu estava aconselhando [quando era banqueiro de investimentos] e as pessoas que trabalhavam comigo confiavam em mim de muitas maneiras diferentes, seja com suas questões pessoais específicas ou com suas preocupações com a empresa. Acho que, de muitas formas, essas experiências me preparam para ser presidente, ouvir, cultivar e fomentar a confiança. Essas são as qualidades essenciais de que você precisa.

O uso da linguagem de Robert é indicativo da confiança que ele gerou; note sua expressão "trabalhando comigo", não "para mim".

Vadim Makhov, presidente do OMZ Group, uma organização russa, está na casa dos quarenta anos. Ele assumiu a responsabilidade de modernizar e reposicionar os ativos nucleares e outros ativos de engenharia da Rússia: um empreendimento muito sensível e exigente. Em dois anos e meio, ele alcançou o que seus antecessores nem poderiam ter esperado realizar. Vadim abraça a diversidade. Uma conversa com ele pode passar da gestão e liderança da OMZ para a política global, para a filosofia e para a melhoria da qualidade de vida do cidadão russo. Para tudo isso, ele está focado na ação. Makhov explica:

> O cliente normalmente nos entrega os projetos que ninguém mais pode realizar — nem mesmo os melhores concorrentes. São projetos de normalmente três anos, segundo as normas internacionais; mas ele quer que seja entregue ontem. Então, um dos grandes projetos que temos surgiu quando todos os concorrentes estrangeiros simplesmente se recusaram a assumir, dizendo que necessitariam de pelo menos mais um ano. Nós fomos os únicos a encarar e agora estamos gerindo-o. Durante este projeto, este grande cliente nos disse "ok, se você conseguir, será aprovado e irá faturar com outros projetos. Você passou no teste." Em muitos outros projetos conseguimos da mesma forma.

Conversando em Dubai com Georges Dabaghi, diretor geral da Vubiquiti para o Oriente Médio e os países da CEI, perguntei onde ele considerava ser seu lar.

"Essa é uma pergunta difícil! Há 23 anos ando por aí, durante os quais vivi em cinco países", respondeu. "Não sei, estou tentado a dizer que o lar é onde o coração se encontra, mas também acho que o lar é onde a mente está. A casa encolheu. O lar está na internet, na sua mente e no seu coração. Enquanto caminha pela rua, tem o mundo ao seu alcance, todos esses restaurantes, todas essas culturas."

A exposição a diferentes culturas estimula o aprendizado de como se integrar a diferentes ambientes. Isso traz à tona um instinto profundo de trabalhar com os outros e merecer o seu respeito. A chave para isso é a comunicação aberta e franca. A mensagem é simples: esteja aberto.

Envolvimento com o centro

A diversidade de pensamento é um elemento importante da relação entre o centro corporativo e seus centros operacionais. Mas essa interação é muitas vezes carregada e improdutiva. A diversidade de pensamentos requer a presença de uma comunicação aberta e honesta.

O posicionamento para a vantagem competitiva em diferentes localidades é necessário, mas pode não estar de acordo com as exigências, os protocolos e procedimentos do centro corporativo. No entanto, as metas e os indicadores-chave de desempenho exigem que o negócio operacional desenvolva as habilidades necessárias para ser diferenciado dentro de seu país ou sua região. O setor operacional pode entrar em conflito com os sistemas do centro corporativo e a necessidade de consistência da prática em toda a empresa. Não há maneira fácil de contornar isto, a não ser gerindo de maneira ascendente. Esta é uma habilidade distinta. Requer paciência e tempo para desenvolver relacionamentos mais íntimos com os principais diretores corporativos, particularmente aqueles que dirigem funções de apoio.

É mais fácil falar do que fazer. "Mas isso leva tempo e significa que estou longe dos meus clientes e das pessoas-chave da região. Como posso fazer as duas coisas, já que fazer uma pode me custar o negócio e fazer a outra me afasta do centro?" um executivo me questionou enquanto eu explicava a necessidade de se estar envolvido com o centro corporativo.

Esperar diversidade de pensamento daqueles que integram o setor é insuficiente. O centro corporativo precisa exibir sua própria diversidade de pensamento e mostrar uma compreensão das diferentes demandas contextuais em cada uma das regiões e áreas de negócios.

David Cunningham, presidente da FedEx na Ásia-Pacífico, tem o centro corporativo de sua organização em alta consideração:

> No caso da FedEx, sou obviamente tendencioso, mas acho que é uma empresa ícone. Conheço poucos lugares em que você tem a oportunidade de lidar com um indivíduo para criar a organização em que trabalha, e esteja tão engajado e apaixonado hoje em dia quanto era há quinze, vinte, trinta anos, por exemplo.

Lamentavelmente, a maioria dos gerentes seniores não partilha a experiência de David Cunningham. Minhas anotações de pesquisa estão repletas de queixas e preocupações sobre a falta de diversidade de pensamento no centro corporativo e os bloqueios que precisam ser constantemente renegociados.

O problema, encarado do ponto de vista do diretor geral, é que muitas vezes o centro não escuta. Ele ou ela está constantemente tendo que explicar a realidade das operações a pessoas, na sede corporativa, que simplesmente não os escutam. Há dois lados em cada história, claro. Há exemplos em que o diretor geral é incapaz de ver o panorama completo ou poderia estar realizando mais do que realiza no momento. Mas — e esse é o ponto — se as organizações bem-sucedidas são aquelas que acolhem e encorajam a diversidade de pensamento, então ignorar o ponto de vista de um nível-chave de diretores seniores é errado. Pior ainda, é provável que leve a uma desconexão entre as pessoas que estão criando a estratégia e as responsáveis por executá-la.

Ouvir, primeiramente, e fazer com que os gestores sintam que foram ouvidos é parte integrante da liderança baseada em evidências. Isso não significa que todas as provas e opiniões sejam acatadas sem mais explicações. Mas deve significar que elas são levadas em conta. Os diretores gerais são propensos às fragilidades humanas habituais do ego e da arrogância, mas têm uma perspectiva inigualável de como a estratégia se desenrolará nos seus mercados. Eles devem ser incluídos na conversa, não excluídos dela.

Um diretor geral sênior disse-me:

> Dirijo provavelmente a parte da empresa com o melhor desempenho e a melhor relação custo-benefício. Na Ásia, tenho menos funcionários do que em qualquer outro lugar, mas tenho mais do que o dobro dos lucros de qualquer outra região. Sou visto e às vezes até acusado abertamente de ser um renegado. Não me enquadro nos sistemas e processos da empresa. Não preciso desses custos, e é isso que irrita o meu vice-presidente e os meus colegas. Quando me aposentar, prevejo que um dos VPs virá ao meu escritório para, aos seus olhos, corrigir o que fiz de errado. O custo vai aumentar, os negócios vão reduzir e eu levarei a culpa.

O que me mantém aqui é o meu orgulho e a necessidade de proteger minha equipe. Meus funcionários com melhor desempenho serão os primeiros a irem embora quando eu sair.

Sua análise pode ou não estar correta. Mas ele tem uma opinião muito forte sobre a situação. A pergunta a ser feita à equipe de gestão sênior é como responder a isso. Como a sua paixão pode ser canalizada de forma produtiva?

A diversidade de pensamento nas organizações só é possível quando essa cultura de pensamento é difundida a partir do topo. Quando isso não acontece, é provável que o centro corporativo imponha disciplinas e protocolos que, na melhor das hipóteses, oferecem pouco valor aos negócios e, na pior, alienam os chefes de negócios críticos.

Faça as quatro perguntas a seguir aos líderes de negócios, para testar o nível de diversidade de pensamento no centro corporativo:

- Que valor o centro corporativo oferece?
- O centro corporativo apoia sua busca por vantagem competitiva para o seu negócio?
- As práticas e os procedimentos do centro corporativo apoiam a realização de negócios em sua área?
- Como líder empresário, sente-se parte de uma equipe do topo?

Respostas simples de sim ou não indicarão rapidamente o nível de diversidade de pensamento, o que estimula o engajamento entre o centro corporativo e os negócios operacionais.

Para Jeremy Hunter, presidente do Henkel Group na Índia, as respostas às quatro perguntas são todas, inquestionavelmente, positivas. Ele explica:

Eu recebo uma grande quantidade de apoio... uma grande quantidade. Ele chega de diversas maneiras. Então, operamos um sistema de gestão de matrizes. Ocupo a presidência do Henkel Group aqui na Índia, mas não tenho todas as alavancas que preciso acionar. Então, nominalmente, pelo menos metade das pessoas da nossa equipe de gestão reportam para fora da Índia. Relatórios financeiros para o setor de finanças regionais, relatórios de operações da cadeia de suprimentos para as operações regionais e assim por diante. Claramente, isso funciona, desde que ambas as partes da matriz operem bem em conjunto. Recebemos visitas regulares de pessoas que gerem as funções, a cadeia de suprimentos, as operações, as diferentes unidades estratégicas de negócio. Eu recebo um enorme apoio dos membros regionais em termos de investimento e de compromisso, isso também tem sido muito sólido.

A equipe

A seleção das pessoas certas para uma equipe de referência é cada vez mais crítica. Isso deve estar baseado no desejo em aprender, e não no tokenismo. Atrair uma equipe formada por pessoas com diversas habilidades, experiências e perspectivas permite que o conjunto evite o pensamento coletivo e tome as decisões certas para o negócio. Diversidade de pensamento é fundamental.

Isto foi trazido à tona quando conversava com Doug Elix. Ele contou como suas antenas culturais foram apuradas ao longo de sua carreira. Na Ásia, lembrou-se de ter dado um prêmio a um dos seus colaboradores por ter feito um trabalho notável. Frequentemente ele entregava prêmios na frente dos outros membros da equipe. Depois daquele momento, o ganhador veio falar com ele e pediu-lhe para não fazer isso novamente. Para ele, o reconhecimento público foi embaraçoso. Ele considerava que a equipe deveria ser reconhecida ao invés de um indivíduo. Os líderes devem ser sensíveis a essas questões culturais e pessoais.

Elix expandiu o ponto:

> Para mim, quando ouço alguém falar de diversidade cultural, penso não só como uma diversidade de pessoas, empregados, gestores, administradores, membros do conselho, etc., mas também como diversidade dos mercados em que operamos.

É um mundo globalizado, altamente interconectado, e qualquer empresa de médio porte provavelmente nunca será capaz de dizer que opera em um mercado local, com apenas concorrentes locais. Haverá concorrentes globais em qualquer mercado considerável. Portanto, mesmo que não almeje atingir os mercados de fora, certamente tem que entender como os outros podem se comportar, e se tornar competitivo — e para ser competitivo, você tem que entender como pensam, como gerenciam e como, provavelmente, irão abordar um mercado.

Podemos voltar, digamos, trinta ou quarenta anos no tempo, e considerar os Estados Unidos. Se tivessem importado mais a mentalidade do Japão, o futuro da sua indústria eletrônica poderia muito bem ter sido diferente.

Uma coisa é o empresário ou a empresária aplaudir a diversidade na empresa, mas o verdadeiro teste é a opinião dos diretores gerais e dos principais líderes do país.

Essa é a visão de Stephan Gerlich, antigo diretor administrativo da Bayer, na Índia:

Acredito que uma empresa como a nossa não precisa forçar a diversidade cultural, pois nossa companhia é apenas um espelho da sociedade em que atuamos. Nós refletimos a sociedade em que estamos, servindo a ela como uma empresa. E, claro, a diversidade cultural dentro da Índia é algo natural. Temos pessoas do sul da Índia trabalhando e vivendo no norte do país e isso não é algo evidente, porque normalmente os laços familiares não facilitam esses movimentos.

Durante muitas décadas tivemos uma gestão muito nacional na Alemanha. Com o crescimento da organização, atualmente encontramos uma gestão muito mais diversificada — O CEO da Bayer AG é holandês-americano; o nosso CEO da Bayer agronômica é da Irlanda; o chefe da área farmacêutica na China é da Índia. Imagina, um indiano na China — quem diria isso anos atrás? Acredito que essa diversidade chegou até nós muito naturalmente por causa de nossa configuração global e de nosso acesso a talentos em todo o mundo. Só é preciso escolher o melhor homem ou a melhor mulher para o trabalho.

Stephan Gerlich simboliza a qualidade da diversidade na Bayer. Como ele tão bem salienta, a diversidade não é apenas boa para os negócios: ela faz negócios!

DANDO SENTIDO À DIVERSIDADE DE PENSAMENTO

Então, o que dizem as estatísticas da última pesquisa, ainda não publicada, que realizei com a Heidrick & Struggles (figura 2.1)? Na verdade, as estatísticas dizem o mesmo que os altos executivos com quem conversei. A diversidade de conhecimento, experiência, formação e diversidade de contribuições estão no topo da lista quando se trata do que as organizações exigem de seus líderes. A fim de compreender o alcance e a diversidade dos desafios, é vital desenvolver uma mentalidade global e abrangente. Só então aqueles que pensam de forma diferente podem ser contemplados e o ambiente pode atrair um grupo diverso de pessoas. Embora importantes, o gênero e a nacionalidade estão no final da lista.

Para a organização de alto desempenho, a mensagem é que pouco importa quem você é, ou de onde veio. O que é crítico é ter desenvolvido essa diversidade de pensamento necessária que valoriza a natureza dos desafios e os dilemas e o engajamento exigidos para trabalhar com planos contrastantes.

A diversidade de pensamentos é o coração desse livro e da fórmula do sucesso. É a parte que faz sentido na criação de valor. Há três elementos distintos.

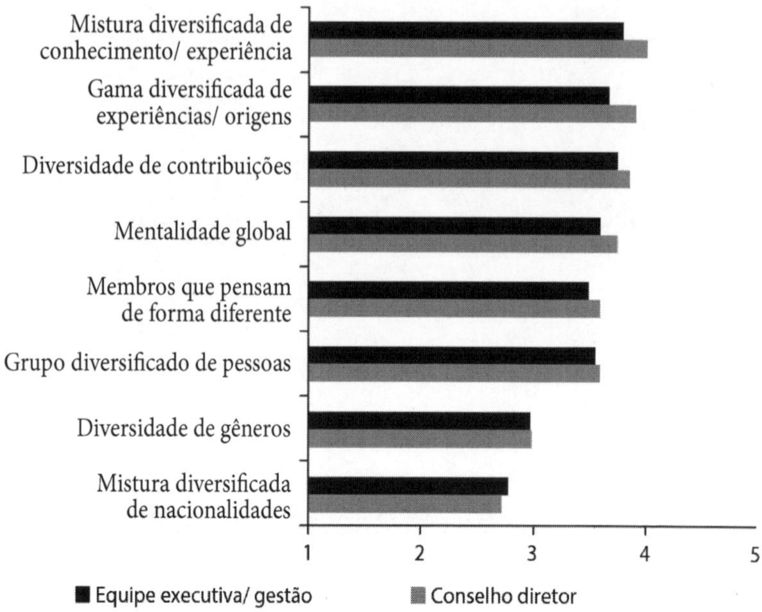

Figura 2.1 Diversidade

- Em primeiro lugar, a diversidade de pensamento permite que uma organização conquiste experiências, contexto e interesses múltiplos.
- Em segundo lugar, os dados podem ser usados como evidência para entender as oportunidades e ameaças que a organização enfrentará caso siga por determinado caminho ou estratégia.
- Em terceiro lugar, a evidência é confrontada (provocada, testada e contestada) como base para decisões estratégicas.

Um ponto importante é que a evidência pode ser rejeitada ou posta de lado no interesse da organização, mas o processo pelo qual ela é coletada e considerada deve ser justo e tratado com respeito. Cabe aos quadros superiores decidir quais os elementos de prova que são relevantes e importantes. Se as pessoas sentirem que foram ouvidas, é mais provável que se envolvam e se alinhem com a estratégia.

DIVERSIDADE DE PENSAMENTO: EM RESUMO

- A diversidade de pensamento é fundamental para a estratégia e a execução.
- Sem diversidade de pensamento = ausência de visão geral.
- Sem visão geral = ausência da capacidade de reconhecer como trabalhar com as tensões entre Alinhamento x Engajamento.
- A compreensão pobre da dinâmica entre o engajamento e o alinhamento leva à interpretação de comentários como crítica e negatividade. Os bons funcionários vão embora.
- Sem diversidade de pensamento = sem reserva de talentos.
- Não ter reserva de talentos significa que não existe uma estratégia eficaz. Se este for o caso, então pouco importa qual é a relação entre **Estratégia**, **Engajamento** e **Alinhamento**. Todos os três estarão deficientes.

PERGUNTAS-CHAVE

Você expõe uma diversidade de mentalidade de pensamento que não só desafia, mas também motiva aqueles ao seu redor?

Você exibe uma diversidade de pensamento que dá aos outros a confiança de que será capaz de reunir a multiplicidade de pontos de vista e planejamentos para maximizar a vantagem competitiva?

Quando sua diversidade de pensamento é desafiada, você está disposto a dar espaço para os pontos de vista dos outros?

3

DISCIPLINA 1

EVIDÊNCIA

O papel da evidência é a chave para a criação de uma cultura baseada na diversidade de pensamento. A liderança guiada por evidências consiste em encorajar e recompensar a diversidade de pensamento como meio de se engajar com diferentes partes da organização e criar alinhamento. Isso significa que a atenção a pontos de vista múltiplos e a resposta respeitosa são partes integrantes da construção e manutenção das alianças necessárias para implementar a estratégia.

A liderança guiada por evidências envolve sete disciplinas distintas. Elas podem ser categorizadas como:

- Evidência
- Missão
- Alinhamento
- Compromisso
- Liderança
- Governança
- Sabedoria

Vamos começar analisando as evidências. Vale ressaltar que nenhuma dessas disciplinas pode ser vista isoladamente. Todas elas são dinâmicas e, muitas vezes, complexamente interligadas. Elas existem em um fluxo vivo de contexto e relacionamentos e apresentam uma série de dinâmicas industriais e organizacionais. Por exemplo, minha pesquisa sugere que é um grande erro olhar para a missão isolando-a das outras disciplinas.

CIÊNCIA PRAGMÁTICA

"Eu acredito na ciência, ou melhor, na engenharia de uma atitude à tomada de decisões. Sou mais um tomador de decisões baseado na ciência, e não na paixão", disse Sam Su, presidente e CEO da Yum! Brands na China. Perguntei a ele o que queria dizer com ciência.

"Para mim, a base é sempre os consumidores. É preciso olhar para eles para perceber o que querem e também olhar para seus concorrentes para enxergar o que eles fizeram. Depois olhe para o que você realizou, e tente ver se há alguma lacuna com potencial e como você pode fazer melhor."

Sam não era o único, entre as pessoas que entrevistei, a depositar sua fé em uma abordagem mais científica, mas que, ao mesmo tempo, não é cegamente analítica. Talvez ela possa ser descrita como pragmaticamente científica: baseada em fatos, focada na entrega.

O ponto de partida da fórmula do sucesso, para executivos como Sam Su, é a evidência. A importância da evidência veio à tona para mim quando olhei para o valor dos stakeholders. Os líderes que alcançam um sucesso sustentável, ao buscar a criação de valor de longo prazo, o fazem ouvindo seus stakeholders. Como diz o coach de liderança Marshall Goldsmith: "Quanto mais bem-sucedido você se torna, mais enriquecerá ajudando os outros a enriquecer."

Esses líderes são apaixonados por maximizar os interesses de todos os stakeholders internos e externos envolvidos em suas organizações. Mostrar respeito e preocupação por todas as partes, independentemente de qualquer desalinhamento de objetivos e expectativas, é fundamental para o fornecimento de valor, e garante o futuro a longo prazo da empresa graças ao apoio profundo e contínuo dos stakeholders.

A diferença central entre valor entregue e valor percebido é a atitude em relação à evidência. "O apoio do meu presidente é tremendo, mas ele enfatiza — quero ver a evidência!", confidenciou um CEO. "Foi pura evidência", disse-me outro CEO, falando sobre como a sua organização desenvolveu uma nova estratégia. "Tivemos alguns problemas fundamentais. Então formamos um grupo que trabalhou em conjunto para levar, coerentemente, os outros diretores a enxergarem o nosso ponto de vista e então mover a empresa na direção certa".

Nas organizações mais bem-sucedidas, os líderes confrontam as evidências. O detalhe factual é o combustível do confronto construtivo. As provas captam o mérito do caso. A evidência extrai os contra-argumentos, distinguindo as alegações de um argumento bem equilibrado. Uma exibição clara de ponto e contraponto permite que os líderes alcancem uma visão compartilhada e equilibrada.

É claro que os líderes muitas vezes usam expressões diferentes para descrever o que são evidências para eles, e como as coletam. Esta é a fala de Catherine Livingstone, da Telstra, quando lhe perguntei sobre as evidências:

> Tentar encontrar a evidência certa, procurar por padrões, na verdade, é mais sobre os padrões do que sobre as evidências. É um pouco mais complicado do que a sua descrição, mas não se trata de deixar que as coisas simplesmente aconteçam. É sobre pensar à frente. Qual será nosso plano? Qual é o nosso programa de trabalho para os próximos doze meses? Tem embasamento? É flexível? Trata-se de ter uma visão sobre onde vamos gastar o nosso tempo; é o equilíbrio do tempo correto, garantindo que a gestão saiba onde queremos chegar e quando, para que possam se organizar.

Então, o que queremos dizer com evidência (em oposição à análise) e por que tantas organizações são avessas à evidência?

AVERSÃO À EVIDÊNCIA

É um paradoxo que, na era do Big Data e da análise em cada esquina, tantas decisões importantes sejam baseadas em preconceitos, crenças, ideias enraizadas, visões ultrapassadas do mundo e egos.

A formulação de estratégias é muitas vezes altamente politizada — um fator frequentemente impulsionado pelas empresas de consultoria. Ao trabalhar com organizações em todo o mundo, o que vemos repetidamente é que o CEO passa por jogadas políticas tentando encontrar apoio para sua estratégia em lugares onde há pouca evidência para apoiá-la. A pesquisa mostra que há sempre *alguma* evidência para apoiar parcialmente a opinião de um CEO motivado. No entanto, essa evidência nunca é totalmente testada e permanece sem ser contestada pelas pessoas que têm forte compreensão do que irá ou não funcionar, e elas são os diretores gerais abaixo da equipe do topo.

As decisões podem ser (e frequentemente são) baseadas em alguém que defende uma estratégia em vez de analisar a evidência. Os comportamentos típicos incluem tentar desencorajar os gestores que se baseiam em evidências. Um executivo sênior disse de um diretor geral: "John está aqui para nos confundir com provas." A sua reação foi tentar minar e ridicularizar um gerente por querer evidências. Pergunto-me quantas pessoas desafiaram Fred Goodwin enquanto ele levava o RBS à ruína? Se não o fizeram, por que não o fizeram? Mesmo que alguém esteja certo, suas ideias precisam ser desafiadas construtivamente.

Os líderes de organizações que mantiveram o sucesso durante um longo período reconhecem que a coleta de evidências tem dois objetivos. Em primeiro lugar, é uma forma de entender o que realmente está acontecendo em seus mercados e em suas operações para criar uma estratégia de geração de valor; e, em segundo lugar, é um processo transparente que constrói alinhamento e cria engajamento para dar força à estratégia (questões que serão exploradas mais adiante nos capítulos cinco e seis).

Como vimos no capítulo um, a fórmula do sucesso é composta por estes três elementos. A sua combinação determina se geram valor percebido ou valor entregue. A forma como cada líder dá enfoque à evidência determina o tipo de equação de valor que segue. Simplificando, os líderes baseados em evidências buscam e recompensam múltiplos pontos de vista (diversidade de pensamento), enquanto aqueles baseados em propostas são seletivos, filtrando e punindo vozes discordantes, ouvindo apenas evidências que sustentam seus próprios pontos de vista.

Líderes baseados em evidências colhem provas dos stakeholders para criar engajamento e alinhamento, ajustando, se necessário, a estratégia para que gere valor. Os baseados em propostas preferem conduzir a estratégia por meio da organização usando quaisquer meios necessários, ignorando ou removendo os opositores e dissidentes. Esses líderes acreditam que o fim justificará os meios, enquanto os líderes baseados em evidências compreendem que os meios são vitais para alcançar o fim.

Na essência da liderança baseada em evidências está a capacidade de confrontar as provas, a fim de facilitar o engajamento e o alinhamento. Esses líderes procuram entender como a estratégia se apresenta a partir de diferentes pontos de vista. Existem obstáculos que o líder não conhece? As operações chinesas enfrentam diferentes desafios operacionais ou culturais que significam que a estratégia fracassará? Será que o mercado do sul da Europa é mais resistente à nova abordagem? Ao confrontar as evidências, o líder também sinaliza que está preparado para ouvir as pessoas no terreno e considerar suas perspectivas (criando engajamento e alinhamento com a estratégia).

Nem todos os líderes se baseiam em evidências, claro. Como referido na introdução deste livro, a minha pesquisa indica que os líderes se encaixam em um dos três campos: Líderes que

- **Replicam** uma proposta de estratégia/ valor previamente bem-sucedida.
- **Formulam,** apostam em uma proposta de estratégia/ valor não comprovada.
- **Conduzem por evidência,** criam uma hipótese de valor entregue e confrontam-na com evidências.

Vamos examinar cada um destes estilos.

Replicar

Líderes que replicam são aqueles que têm um modelo de sucesso, mas o baseiam no passado. Incapazes ou relutantes em mudar, eles se aproveitam de receitas já aprendidas como maneira de, agora, esculpir o futuro. O erro está na percepção e análise do contexto. Em que momento a réplica do líder se torna mais óbvia? No jantar.

Imagine um retiro estratégico de dois dias, reunindo a equipe dos cargos mais altos e o conselho. Aparentemente é um sucesso. Primeiro dia: foram discutidas questões-chave. O conselho misturou-se com a diretoria. Cada um aprendeu com as experiências do outro. No entanto, um sentimento permeou a equipe de gestão, o que foi discutido e quase decidido não aconteceria. O jantar é igualmente apreciado por todos. A refeição principal termina e o café e as bebidas após o jantar são servidos. O CEO agradece a todos por terem tornado o dia tão bem-sucedido. Ele enfatiza seu grande prazer em estar à frente de uma organização tão grande. É o que ele diz a seguir que mostra a sua verdadeira qualidade de liderança. A contação de histórias começa, mas são sobre o passado. Sucessos e fracassos se fundem em um só. A humildade mostrada nas lições aprendidas é igualmente evidente, mas um funcionário não hipnotizado pelas histórias seria capaz de reconhecer o padrão, porque o mesmo padrão percorre todas as narrativas. A mensagem tão sensivelmente escondida é que o que funcionou no passado funcionará aqui. A entrega dessa mensagem é sedutora, e é por isso que os líderes replicados passam de um cargo-chave para o outro. Eles têm a capacidade de encantar, mas não a habilidade de entusiasmar com uma visão para o futuro.

Formular

Em contraste, o líder que formula empolga a equipe com o seu QI elevado. Sua análise do presente é espantosa, tanto em sua amplitude como em sua detalhada exatidão. Os argumentos para avançar, reconhecendo os desafios, obstáculos e benefícios a serem realizados, é convincente. O que os outros dizem é: "Que cérebro!", "Que pessoa!", "Que sorte a nossa!"

Onde encontramos os líderes que formulam atuando? Provavelmente informais em estilo e dispostos a atrair o público, os líderes de formulação são mais persuasivos no início de um dia, tomando uma xícara de café. Um bate-papo informal na área aberta do café, mesmo com duração de cinco minutos, pode deixar as pessoas que se aproximam muito entusiasmadas com o futuro. Planos, aspirações, estratégias e até mesmo táticas são integrados em uma visão empolgante do que está por vir. Para o ouvinte mais perspicaz, não encantado pelo intelecto e pela conversa, é provável que um fator não seja discutido: se essas ideias e planos foram testados e que qualidade de evidência surgiu para indicar sua viabilidade. No entanto, imagine perguntar sobre as evidências disponíveis, durante estes poucos minutos. Independente da resposta, é provável que a audiência fique consternada com a natureza insensível da questão. De fato, toda aquela manhã, até mesmo o dia, pode ser arruinada pela impertinência da pergunta: "Vai funcionar?" Assim, ninguém pergunta, e o líder, baseado nas formulações, segue pensando que tem o apoio total das pessoas ao seu redor.

Conduzir por evidências

Os líderes que conduzem por evidências não são motivados por serem os melhores de manhã ou de noite; eles questionam os dados durante todo o dia. Para alguns, podem parecer frios em estilo. Esses líderes confrontam as questões por meio dos dados, mas nunca por meio dos funcionários. Eles reconhecem a evidência emocional (habilidade comportamental), bem como a evidência intelectual (habilidade técnica). Rigorosamente, procuram testar qualquer estratégia antes que ela seja colocada em ação. As provas são a sua essência.

Catherine Livingstone descreve sua experiência como CEO de uma antiga empresa:

> Em última análise, foram as provas que persuadiram os gestores de que precisávamos mudar, que fez com que eles aceitassem emocionalmente que o que tinha sido um bom desempenho no passado não seria um bom desempenho no futuro. Foi algo bem difícil. Foi provavelmente mais fácil para mim processar o argumento porque eu era nova como

CEO, então muitas coisas estavam mudando. Se eu fosse uma CEO de longa data, acho que provavelmente teria sido ainda mais difícil.

John Neill, da Unipart, discutiu como integrar as diferentes vertentes da evidência. Darshan Mehta, presidente e CEO da Reliance Brands, vai um passo além e enfatiza o poder da evidência como detalhe. Provas sem detalhes não são provas. Diz Mehta:

> Uma mentalidade muito executiva e focada em detalhes é algo em que tendemos a nos concentrar muito. Acreditamos que, com uma atenção contínua e genuína na satisfação do cliente, e não em sua carteira, conseguimos fidelizar uma clientela que, de outra forma, estaria acostumada a apenas flertar com a marca. Dada a jovem demografia dos consumidores indianos, que ainda estão em um estágio inicial de fidelização com as marcas, esta é uma boa estratégia de negócios de longo prazo para a Reliance Brands.

CONHECENDO O DESCONHECIDO

Um aspecto interessante da importância da evidência é que muitas vezes os líderes estão lidando com questões em áreas onde seu conhecimento é limitado. Se for CEO de uma empresa farmacêutica, é pouco provável que consiga ter um debate tecnicamente embasado com seus pesquisadores. Líderes em uma variedade de indústrias de tecnologia enfrentam desafios semelhantes.

Renè Obermann, CEO da Deutsche Telekom, admitiu isso quando conversávamos:

> Às vezes é difícil fornecer evidências quando se está pensando em escolhas de produtos e tecnologias para o futuro, ou seja, quando você faz parte de uma comunidade de padronização tecnológica ou quando precisa decidir sobre a implementação de um novo sistema operacional móvel em seu raio de atuação. É claro que se recolhe toda a informação

e todas as previsões possíveis sobre o que já existe, quais problemas podem ser resolvidos e qual será a aceitação desta nova solução. Mas muitas vezes o que você chama de evidência é na verdade um monte de projeções de outras pessoas/ especialistas. Não é uma prova. São apenas pessoas projetando o futuro. E você incorpora essa informação e a aceita como verdade.

Portanto, sim é a resposta para a pergunta sobre se a evidência é importante; obtenha o máximo possível, mas ainda assim, não ignore sua própria intuição ao tomar decisões.

CARACTERÍSTICAS EVIDENTES

Os líderes com quem conversei, que tinham a capacidade de reunir e maximizar as evidências para um objetivo maior, compartilham de uma série de características:

Crença na evidência

Os líderes orientados por evidências vivem isso como um modo de vida. É a filosofia deles. Foi isso que os tornou bem-sucedidos. Não há nada de casual ou oportunista na sua abordagem. Faz parte da sua filosofia de vida.

Viver e trabalhar com a evidência, para que ela faça uma diferença poderosa no funcionamento da organização, precisa se tornar um hábito. É sobre praticar, praticar e praticar. Como John Neill, da Unipart, explica:

> Estamos construindo o sistema Unipart Way há 25 anos, e nessa jornada testamos muitas ferramentas e técnicas, algumas das quais funcionaram, outras não. Algumas funcionaram, mas não trabalharam em harmonia com as outras. Assim, tentar sintetizar 25 anos de desenvolvimento de um corpo de conhecimento não é fácil. É um pouco como dizer "explique, rapidamente, como funciona a nona sinfonia de Beethoven". Requer os instrumentos certos, a partitura musical e músicos dedicados a ensaiar

com todos os seus instrumentos, durante muitos anos e sob o ensino de grandes mestres, para se tornarem muito bons individualmente, com cada instrumento, e depois coletivamente como uma orquestra.

Um dos mais entusiásticos praticantes da gestão baseada em evidências que encontrei foi Sam Su, da divisão da China da Yum! Brands. Foi assim que ele me explicou:

> É muito mais fácil lidar com fatos. Mas os fatos podem ser tendenciosos, porque todos têm os seus próprios sentimentos. Então você precisa verificar o que é apresentado como fato para ter certeza de que é imparcial. Isso normalmente não é fácil. Quando as pessoas são apaixonadas por algo, pode ser ainda mais difícil. Uma decisão baseada na paixão é muito perigosa. Pode haver armadilhas emocionais.
>
> Por isso, peço sempre às pessoas apaixonadas por um tópico que verifiquem seus instintos. Por que será que os defende tão fortemente? Tente descobrir qual é a verdadeira razão ou quais são suas informações. A paixão é geralmente baseada em alguma experiência pessoal, e todos nós sentimos que, de alguma forma, tudo que experienciamos conta mais do que aquilo que lemos. Se eu nunca vivenciei algo, nunca significará tanto para mim quanto algo que eu vivenciei. Isso é apenas natureza humana. Então, uma vez que você perceba que alguém pode ter uma forte paixão por algo, isso ainda pode ser analisado com informação. O que observou? Por que se importa tão fortemente com isso? O que isso te ensinou?
>
> Ao encontrar a fonte dessa convicção, dessa paixão, geralmente descubro algo. E depois eu digo, "sei por que se sente assim". E às vezes eu só digo "ok, se seguirmos a sua lógica, isso não fará sentido. Sei que tem uma opinião muito forte, mas, se fizermos à sua maneira, poderá haver consequências indesejáveis" e, ocasionalmente, isso nos leva a pensar duas vezes. Mas isso é dito para o benefício do conselho e eles percebem que cada ponto de vista tem valor, e está sendo devidamente analisado. E faço uma análise para mostrar às pessoas por que uma opção tem maior chance de sucesso do que outra.

Começar a reunir evidências desde o primeiro dia

"Líderes provocam debates. Eles definem o cenário que permite que outros desenvolvam soluções", diz Rosabeth Moss Kanter.[1] Isso se inicia no primeiro dia. O desafio da evidência nunca é mais claro do que quando um líder assume o comando pela primeira vez. Há uma série de livros sobre como causar impacto. Espera-se que os líderes mudem o mundo em noventa, cem dias, e assim por diante. Mas canalizar qualquer organização sem evidência para apoiar a necessidade de mudanças é uma tarefa sem esperança. A evidência é o combustível da mudança.

Kevin Lobo, da Stryker Corporation, dá esse conselho a qualquer novo líder que entre em uma organização:

> Se um CEO estiver vindo de fora, meu conselho é usar o tempo necessário para se reunir individualmente com cada membro da equipe de liderança e com o conselho administrativo para obter *insights*, ideias sobre a estratégia e a cultura da empresa. Onde a empresa se encontra? Como realmente estão as coisas? O que está funcionando, o que não está? Certifique-se de testar e assegure-se de que há alinhamento, faça esse diagnóstico nos primeiros 45 dias, e seja muito cuidadoso antes de formar qualquer opinião ou conclusões.
>
> Se essa pessoa já está dentro da empresa, é um pouco diferente. Nesse caso, eu encorajaria muito mais interação. Primeiro precisa estabelecer a sua equipe e, em seguida, construir relacionamentos com o conselho, e é muito importante fazer isso rapidamente. Se eu tivesse que fazer isso novamente, teria feito ainda mais depressa.

Estar confortável com evidências subjetivas e objetivas

As evidências dividem-se em duas categorias: números exatos e evidências racionais sobre tendências de mercado, modelos de estratégia de RH, etc.; e evidências contextuais (subjetivas) sobre como as coisas funcionam na empresa. As melhores organizações as reúnem simultaneamente. Mas os diretores seniores podem achar isso ameaçador, por causa das críticas sobre seu desempenho que podem surgir. As provas devem ser acompanhadas de críticas construtivas.

Segundo Ulf "Mark" Schneider, CEO do grupo alemão Fresenius:

> Gostamos de debates abertos, não há praticamente nenhum impedimento e acho que nos orgulhamos de ter um debate bastante agitado às vezes, mas somos tão unidos quanto possível, tanto para o mercado externo quanto na hora de transmitir as decisões da liderança para a organização.

Robert Swannell, da Marks and Spencer, concorda:

> Obtenho ideias ao passar tempo no negócio. Encorajo os não executivos a fazerem o mesmo. Acredito que em um negócio de varejo é mais fácil do que em outros, porque você pode de fato ir às lojas. Você encontra funcionários que realmente entendem o ponto de vista dos clientes e quais produtos gostam. Falamos muito sobre a cultura distinta de M&S, incorporada no Plano A — descrevo-o como "fazer a coisa certa" — e penso que esta forma de operar está incorporada na M&S, provavelmente mais do que na maioria das outras empresas.

Enfatizar a qualidade da evidência

A qualidade da evidência é parcialmente afetada pela metodologia adotada, mas para os líderes ela é a captura precisa da realidade. Segundo John Neill:

> Sim, metodologia é importante, mas trazer à tona o que realmente está acontecendo é vital. Os melhores líderes descrevem o que é preciso para capturar evidências de qualidade. Primeiro, escute várias pessoas e identifique quais delas têm perspectiva crítica. O objetivo é comparar e contrastar as diferentes realidades. Cada uma delas é verdadeira, mesmo que se contradigam, pois cada indivíduo acredita que a realidade é seu julgamento e é a base de suas ações. Muitos líderes disseram-me "não contradiga essas realidades, simplesmente use o que é dito para chegar à segunda etapa: identificar as perguntas que devem ser feitas à população em geral". A forma como estas questões são formadas é fundamental para a qualidade das evidências que surgem.
>
> A etapa dois leva à terceira etapa, que é testar essas questões como

a formulação e o tom indicam, caso tenha havido alguma escuta real. A quarta etapa, a metodologia a ser adotada. Neste ponto, o líder inteligente deve ter uma visão sobre como usar as evidências que surgirão para atender seus objetivos particulares. Depois de uma análise, haverá um questionário quantitativo com os resultados finais? Como esses números devem ser posicionados? Alternativamente, se a metodologia é baseada em entrevistas, como as evidências subjetivas serão compartilhadas? Há uma última etapa, que é retirar um aprendizado disso. A simples manipulação dos dados para atingir os fins que o líder deseja faz pouco pelo engajamento. O reconhecimento de que realmente houve um aprendizado, mesmo que não concorde com ele, é um grande passo em direção à conquista de corações e mentes.

Com isso, temos um mercado de logística enorme, crescendo cada vez mais em todo o mundo, além de um mercado de consultoria. Então, somos grandes na produção, logística e consultoria. Temos duas fábricas de nível mundial, que o contexto da cidade nos impulsionou a expandir há 25 anos. E estamos aumentando a nossa pegada de produção. Estamos negociando um programa de 30 milhões de libras em investimento para as nossas duas fábricas. Os negócios estão indo bem. É bem diversificado tanto em termos de clientes como de geografia e, sabe, percebemos que os próximos cinco a dez anos serão como andar de montanha-russa.

As provas por ser guiado pelas evidências são impressionantes.

Escuta ativa

Segundo Kevin Lobo, do Stryker:

Sempre haverá conflitos e pontos de vista diferentes. Consenso é um ideal, mas atingi-lo é raro ao trabalhar com pessoas com pensamentos divergentes. Por isso, é preciso ser capaz de ouvir a todos e de fazer com que se sintam ouvidos, e depois atuar na tomada de decisão. Se a suas vozes forem ouvidas — genuinamente ouvidas e compreendidas —, as alternativas debatidas e as decisões tomadas, então estaremos caminhando para a frente.

Uma mentalidade transacional não serve. É preciso usar o tempo correto para se envolver plenamente. O assunto é prioritário. Com isso, o espaço é criado para que uma contribuição de diversidade seja apreciada.

Uso da evidência como uma plataforma para o debate independente
A realidade é que confrontar a evidência é, muitas vezes, desconfortável. As questões que fazem descarrilar a estratégia devem ser coletadas e tornadas públicas — um exercício delicado.

Foi assim que um presidente explicou a sua abordagem:

> Ensinar as pessoas a ouvir leva tempo. Ouvir, por si só, é uma habilidade, e essa capacidade não é aprendida da noite para o dia. Na empresa, a escuta não era um hábito. Na verdade, o hábito era do desafio, o que por si só era bom, mas o mais próximo que chegávamos de uma escuta era quando cada pessoa esperava educadamente que o outro terminasse antes de apresentar o seu ponto de vista, independentemente do que o outro tivesse dito.
>
> Foi preciso um pouco de crise para mudar as coisas. Tivemos uma má administração na equipe da Bulgária e, por isso, no nosso jantar da direção seguinte, simplesmente perguntei por que razão tínhamos permitido que a Bulgária errasse. Um dos diretores seniores não executivos disse "mas foram *eles* que permitiram que tudo desse errado". Eu respondi, "é exatamente como você disse, eles; permitimos uma cultura de *nós e eles*". Também pontuei que o gerente tinha nos avisado. O mesmo colega imediatamente retrucou dizendo "mas ninguém pensou que era importante e até mesmo você (ou seja, eu, o presidente) não levou isso a sério". Concordei com ele e afirmei que a culpa era minha, mas se tivéssemos todos escutado, teríamos utilizado a nossa experiência e os nossos conhecimentos de uma forma diferente. Os meus colegas do conselho concordaram, e por isso pedi que essa disciplina tão simples se tornasse um hábito. "Poderíamos, por favor, resumir o que nossos colegas já disseram antes de intervirmos e, enquanto fazemos isso, poderíamos, por favor, considerar se o que queremos dizer está relacionado com a questão que foi levantada?" Tentamos. Renderam alguns

momentos irracionais e também algumas risadas, mas lentamente a ficha começou a cair, pois, como quadro, estávamos nos comportando como um grupo indisciplinado de adolescentes. Ainda não somos os melhores em ouvir, mas pelo menos não teremos outra situação como a da Bulgária.

E, é claro, é preciso entender que todas as evidências do mundo podem falhar em desviar as pessoas de determinado caminho. Uma equipe de liderança pode sempre errar ou, simplesmente, ouvir as pessoas erradas. Todos os executivos têm histórias de como foram ignorados ou negligenciados quando tinham uma visão estratégica importante. As corporações são constituídas por seres humanos com todas as fragilidades que isso envolve.

Renè Obermann, CEO da Deutsche Telekom, recorda um debate frustrante sobre mensagens de texto:

Foi uma das mais fantásticas fontes de receita. Mas alguns de nós sabíamos que acabaria em algum momento. Vimos a revolução da internet vindo há muitos anos, e essa mensagem IP acabaria por substituir, ou pelo menos dominar, em grande parte, o modelo estabelecido. Tive discussões controversas com nossos gerentes de tecnologia móvel na época, tentando convencer as pessoas a encontrar modelos alternativos pelos quais poderíamos cobrar preços justos e em massa, como cinco dólares, ou mais, pacotes de mensagens IP pelo "máximo que você puder usar", como o Whatsapp de hoje. Eu disse, "vamos nos superar com um modelo muito mais conveniente e de preço agressivo" antes que os chamados *players* agressivos pudessem atacar.

A organização adiou constantemente e não consegui as pessoas-chave para apoiar essa ação. Acho que a razão pela qual não o consegui foi porque não mostrei que havia um bom futuro de negócios se o fizéssemos. Acabei lhes dizendo que os clientes, eventualmente, se afastariam do modelo estabelecido. E não passei uma imagem suficientemente clara do que poderia entusiasmar ainda mais os nossos clientes e de como poderíamos ganhar dinheiro com isso. Ou, alternativamente, se não houvesse dinheiro suficiente, enfrentar a realidade e dizer que este modelo de negócio iria pelo ralo com o tempo. "Temos de construir agressivamente um novo modelo de negócio para serviços de mensagens, mas as margens serão muito mais baixas e temos de lidar com isso. Ainda assim, é melhor do que perdê-lo completamente".

A evidência facilita a obtenção de uma visão informada. Mais do que isso, as provas bem ponderadas e detalhadas funcionam como base para um trabalho de equipe sólido. A confiança uns nos outros, como colegas de equipe, é insuficiente. Compartilhar uma plataforma de detalhe estimula a discussão sobre as contribuições necessárias para a execução eficaz da estratégia. Cada membro da equipe tem um papel a desempenhar na determinação do futuro.

Renè Obermann descreve de forma útil o que acontece quando não se dá atenção suficiente à evidência, projeto por projeto. Para enfatizar o ponto, líderes guiados por evidências fazem disso um hábito para toda a vida, e mesmo assim podem falhar.

Construção de uma equipe de debate centrada na ação

De fato, o debate é realmente uma coisa muito importante. Analisaremos a diferença entre diálogo e debate no capítulo seis. O diálogo é o ponto de partida para o debate.

"A grande pergunta que tenho em mente no momento", diz Catherine Livingstone, da Telstra, "é, em grandes organizações e complexidade, como chegar ao ponto certo na discussão, ou ao ponto certo no nível de detalhe, para que o conselho possa participar e agregar valor sem entrar no papel da diretoria? Se você está no topo, é fácil obter respostas confortáveis, mas você pode não saber quais perguntas deveria estar fazendo, a menos que desça na hierarquia. Então, como, de acordo com o material que é apresentado e trazido para o conselho, é possível entrar nesse nível de detalhe, para que a discussão passe para uma etapa em que as perguntas possam ser feitas? Agora, quando há um problema, é claro que você automaticamente entra nesse nível."

"Os conselhos são como casamentos; pode-se olhar para algo do lado de fora e internamente isso ser completamente diferente. Então, julgar de fora é muito problemático."

Assim como a escuta, estar disposto a desafiar ideias e estratégias baseadas em evidências precisa se tornar um hábito executivo e organizacional. Como Catherine indica, esse exemplo tem de vir de cima, da presidência, do CEO, ou quem sabe de ambos. Há alguns anos, esse exemplo seria emanado exclusivamente do CEO, agora o presidente também é fundamental.

Criar tempo para o debate

Há também desvantagens. A coleta de provas pode ser um processo lento e pode ser vista como uma desvantagem estratégica. Os líderes têm de aceitar que a vantagem de dar o primeiro passo é difícil de alcançar. Às vezes é melhor adiar uma decisão ou mudança até que todos estejam de acordo e todas as provas relevantes sejam reunidas.

Ed Rapp, da Caterpillar, pontua:

> Debatemos tudo, a estratégia de longo prazo, quais são os principais segmentos de mercado, se temos os produtos e as soluções certas, se temos uma pegada de produção e uma cadeia de abastecimento competitivas, se vamos efetivamente comercializar com os nossos concessionários. Mas talvez a pergunta mais importante que fazemos seja se estamos construindo uma conduta de grandes líderes. Como líderes, temos duas responsabilidades: deixar o lugar melhor do que o encontramos e em mãos mais capazes. Se nós, como líderes, fizermos isso, o negócio é sustentado a longo prazo.
>
> Acho que a parte mais difícil de qualquer negócio é fazer escolhas. Quando se trata de alocação de recursos, as escolhas sobre em que área do negócio devemos investir, sobre as tecnologias que selecionamos para o desenvolvimento futuro, sobre as pessoas que colocamos em papéis-chave, talvez essa sejam as mais críticas. Em

quem apostar em termos de pessoas, em quais tecnologias investir, quanto, em termos do capital empregado no negócio, será apostado? Acho que é provavelmente onde temos a discussão mais robusta.

A única coisa que fazemos muito bem como equipe é ter discussões e debates robustos e discutir diferentes pontos de vista, mas quando decidimos e divulgamos externamente, fazemos como uma equipe. Nossa intenção é que o debate aconteça atrás das portas, mas quando divulgamos para a nossa organização, nos adaptamos e temos uma única voz, ou a organização irá perceber.

Uma visão semelhante vem de Kevin Lobo, que argumenta que o debate necessário para interrogar as evidências requer tempo:

A nossa agenda de reuniões mudou significativamente. Costumávamos ter muito pouco tempo no cronograma do conselho para o debate aberto, por isso reduzimos a quantidade de itens em quase 50% e alocamos mais tempo para cada assunto.

Isto significa que temos tempo para nos concentrar e ter pessoas diferentes expressando as suas opiniões. No caso de uma decisão importante, pediremos a cada pessoa que dê o seu ponto de vista, percorrendo todo o conselho. Se as pessoas não estiverem prontas para tomar uma decisão, teremos outros encontros de acompanhamento.

Trata-se de ser muito deliberado e de assegurar que todos sejam ouvidos. É um exercício importante de facilitação e significa estar disposto a mudar a sua posição. Uma vez que demonstra que o grupo pode mudar de perspectiva, então todo mundo percebe que este processo é real; "esta equipe, esta empresa, este líder, está nos ouvindo, e levando nossas opiniões em conta".

Você precisa servir de exemplo. Tive sorte por ter trabalhado em ambientes muitos bons, onde sempre pude expressar a minha opinião e ser ouvido, e encorajo isso à minha equipe. Eu espero ser desafiado, e se a maioria das pessoas está indo em uma direção diferente da minha, e entendo as razões para isso, estou disposto a abandonar o meu ponto de vista se suas opiniões tiverem mérito. E acho que essa é a chave: se o líder nunca muda de opinião, você pode falar o quanto quiser, falar é fácil.

Assim, a lição é permitir que as mensagens sejam filtradas para enxergar os padrões subjacentes. No entanto, com isso vem o compromisso. Ed Rapp enfatiza o compromisso de falar em unidade e posicionar a organização de acordo com a liderança. Kevin Lobo chama a atenção para outra forma de compromisso: ter a disposição de mudar se as evidências apontarem claramente para a necessidade de alterar o rumo. Se outros compromissos não são honrados, então, como diz Kevin Lobo, "falar é fácil", e o resultado é fraco.

Buscar as evidências de uma forma estruturada

Os líderes guiados por evidências precisam ser claros sobre a prova que procuram. Que provas? De quem? De quais stakeholders? É fundamental criar uma cultura sólida e resiliente de "confrontar a evidência", em vez de confrontar as pessoas que fornecem a evidência. Isso vai ao cerne do seu papel de líder. Sam Su, da Yum! Brands, explica:

> Somos um grupo de pessoas e temos uma jornada muito importante para percorrer. E eu sou o CEO. Eles querem alcançar, querem realizar. E o meu trabalho é ajudá-los a remover quaisquer obstáculos e a se organizarem. Então, o meu papel não é tanto liderar, mas sim apoiar. Não sou um visionário: sou um analista. E o meu trabalho é ver todos os ângulos diferentes e tentar inteirar-me deles.

Muitas vezes, esses são hábitos que os líderes adquiriram em outras funções voltadas para o cliente. (É notável que muitos líderes tenham tido, em um momento ou em outro, funções diretas voltadas para o cliente).

Um dos principais gestores de investimentos explica:

> Quando eu estava no banco de investimento, a primeira coisa que

fiz quando almejei uma empresa de capital aberto foi olhar para a remuneração do cargo mais alto no relatório anual e descobrir o que o estava impulsionando. Retorno sobre o capital próprio? Crescimento do lucro líquido? Fluxo de caixa? Estabeleci uma meta para mim mesmo: dentro de duas reuniões eu encontraria as métricas de sucesso dos principais tomadores de decisão. Depois de fazer isso você compreende o que os guia.

Para os líderes em nosso estudo, a alavancagem da evidência é fundamental para gerar valor.

A DISCIPLINA DAS EVIDÊNCIAS: EM RESUMO

- A evidência é o ponto de partida para compreender a fórmula do sucesso. É a base para o pensamento e o debate independentes.
- A fim de conduzir a um sucesso sustentável, tirar partido da evidência deve tornar-se um hábito.
- Uma evidência boa aflora a verdadeira natureza do contexto de uma organização; uma evidência ruim apoia automaticamente um ponto de vista particular.
- A vontade de reunir provas para compreender verdadeiramente o contexto requer humildade.
- É necessária uma sensibilidade considerável para determinar a forma e a natureza da boa evidência.
- Líderes bem-sucedidos guiados por evidências:
    - acreditam no poder das provas;
    - começam a recolher evidências desde o primeiro dia;
    - estão confortáveis com provas subjetivas e objetivas;
    - enfatizam a qualidade da evidência;
    - escutam ativamente;
    - usam a evidência como uma plataforma para um debate independente;

- constroem uma equipe de debate centrada na ação;
- dispõem de tempo para o debate; e
- buscam provas de uma forma estruturada.

PERGUNTAS-CHAVE

- Você acredita que o pensamento independente e o diálogo são componentes necessários para liderar o sucesso sustentável?
- Até que ponto você acha que a evidência é uma parte crítica da sua contribuição de liderança?
- Até que ponto você faz da coleta de evidência um hábito?
- Até que ponto tornou este hábito evidente?
- Você usa a evidência como uma plataforma incisiva para estimular debates e discussões?
- Você insiste que a evidência seja reunida de forma estruturada e disciplinada?
- Como você acha que os diretores gerais da sua organização responderiam às perguntas anteriores, e as respostas deles seriam diferentes das respostas da administração superior?

4

DISCIPLINA 2

MISSÃO

No capítulo anterior, vimos que a forma como os líderes reúnem e avaliam as evidências determina se eles aplicam a fórmula de valor entregue ou valor percebido. A próxima disciplina a ser explorada é a da missão. Ela é crítica. Uma missão definida com clareza determina a finalidade da empresa. Sem esse sentido de propósito, a organização está exposta a fraturas prejudiciais, lutas políticas internas e um futuro de declínio.

Embora muitas vezes confundidas, a missão e a visão de uma organização, como veremos, não são a mesma coisa. A missão é o seu objetivo final. Valores conscientemente determinados e profundamente enraizados guiam o líder por meio das tensões e dos dilemas do Engajamento x Alinhamento (ENG X AL) na fórmula do sucesso. Valores profundamente enraizados apoiam essa missão, e a visão alcança essa missão. Descendo na hierarquia em direção à execução, as estratégias são as formas de entender a visão.

Em organizações de entrega de valor, a missão é uma bússola sempre apontando para o verdadeiro norte. Toda estratégia deve ser confrontada em relação à missão da organização para esclarecer sua necessidade.

Eis o que Charlie Mayfield, presidente da John Lewis Partnership, me disse:

> A John Lewis é uma organização única. Liderar com sucesso aqui exige que a interpretação e o julgamento sejam exercidos com respeito à nossa missão e aos princípios fundadores. Temos uma estrutura organizacional e de governança, que reforçam e refletem esses princípios. Nós aderimos a eles e os cumprimos.
>
> O conceito subjacente à parceria é, na verdade, muito empreendedor. Nosso fundador pensou em si mesmo como um empreendedor, mas um que estava particularmente interessado no mundo natural. Ele se inspirou na natureza, e se descreveu acima de tudo como um naturalista. Era um ávido colecionador de pássaros, abelhas, insetos, todo o tipo de coisas. Ele procurava refletir algo sobre o equilíbrio inerente da natureza na organização e, mais especificamente, na constituição dessa sociedade.

"Somos globais no sentido de que precisamos estar no terreno, fabricar os nossos produtos ou prestar os nossos serviços próximos de onde os pacientes se encontram, essa é a nossa missão", afirma Ulf "Mark" Schneider, CEO da Fresenius Group.

As organizações baseadas na missão são dependentes da promulgação e vivência de seus valores fundamentais. Como conseguir alimentar uma cultura baseada na missão e promover altos níveis de confiança e uma adaptabilidade igualmente elevada e discricionária para realizar a flexibilidade operacional são os temas-chave deste capítulo.

Os valores e a missão estão interligados. Para os profissionais da saúde, por exemplo, as listas de espera e os prontuários podem ter um papel a desempenhar, mas não são eles que criam valor para o paciente. No setor de traumas e emergências, a missão é oferecer tranquilidade a cada paciente, e não focar no número total de pacientes que são tratados em um período de 24 horas.

Trata-se de valores. Os líderes vivem os valores? E fazem-no em um contexto que se transforma rapidamente? A medida de um bom líder é a sua capacidade de desafiar constantemente a criação de valor para apoiar a missão da organização.

Em nenhum outro lugar isso é mais verdadeiro do que nas forças armadas. O conceito de comando de missão é instrutivo.[1] No início do século XIX, Napoleão foi o conquistador da Europa. Em 1806, ele derrotou os prussianos nas batalhas de Jena e Auerstedt. Os exércitos dos prussianos, muito maiores, foram esmagados pelas forças francesas, flexíveis e adaptáveis. Os franceses usaram força localizada para ganhar superioridade. Os prussianos eram lentos e confusos.

No entanto, os prussianos aprenderam, e um dos maiores pensadores militares, Carl von Clausewitz, revolucionou a sua mentalidade militar. Mesmo agora, os militares britânicos e americanos recorrem às suas ideias (mesmo que nem sempre reconheçam a sua fonte). Von Clausewitz sabia que o sucesso dependia de uma resposta flexível às situações. Falhar significava depender exageradamente do planejamento detalhado, o que era irrelevante quando o inimigo era descoberto — "O que você planejar irá desmoronar quando for enfrentado pelos adversários".

O comando fundamental em uma missão — e isso não é segredo para ninguém — são os valores. São a missão e os valores que as pessoas vivem, e não a visão, que unem a organização. De acordo com os princípios do comando de missão, os oficiais médios superiores são responsáveis tanto pela estratégia quanto pela tática. Cada comandante, confiante de ter o apoio do seu oficial sênior, lida com as suas circunstâncias da forma mais adequada. Os oficiais superiores confiam nos seus comandantes para se adaptarem a cada situação, mas todos estão unidos por um forte sentido de propósito e missão.

Em tempos contemporâneos, o meu colega da Cranfield, Arnoud Franken, aprendeu com os Royal Marines. Eles são a infantaria anfíbia treinada da Marinha Real, com 7.500 soldados, e são o componente central da Força de Reação Rápida do Reino Unido.
Diz Franken:

> Para os executivos seniores, uma das lições-chave da abordagem dos Royal Marines para o planejamento em face da incerteza é que não se

> trata de coletar e devorar grandes quantidades de dados, usando técnicas matemáticas avançadas para criar um modelo preciso do mundo que reduza a incerteza inerente, utilizando isso como uma base no desenvolvimento de estratégia da equipe executiva. Também não se trata de usar ferramentas de planejamento tradicionais herdadas de uma era passada de pensamento linear e orientado para a eficiência que presume que o ambiente não se transforma, nem de ignorar o processo de pensamento porque é muito difícil e apenas colocar em ação. Em vez disso, trata-se de criar mentes preparadas e manter a flexibilidade de pensamento e de atitude para alcançar um estado final desejado, de comum acordo e compreensão. É o planeamento que importa, não o plano em si.

Além disso, em ambientes dinâmicos, o planejamento não pode ser exclusivo da equipe executiva, pois ela não é capaz de entender, planejar, liderar e gerenciar em detalhes a taxa de mudança no ambiente. Portanto, o processo de planejamento não deve ser exclusivo, mas inclusivo, com base no conhecimento, em *insights* e nas habilidades e qualidades das pessoas em todos os níveis da organização.

Para Franken, como para muitos outros, o envolvimento e a inclusão são componentes fundamentais do engajamento.[2]

Outra lição útil vem de Chris Zook, da Bain & Company, que fala sobre a intenção do comandante. É assim que ele o explica:

> As origens da *intenção do comandante* podem ser rastreadas até às guerras napoleônicas. Vêm de uma situação em que vários líderes militares, incluindo o Almirante Nelson, acharam muito poderoso ter uma declaração simples que cada um dos comandantes conhecia e compreendia. Foi uma declaração da estratégia e alguns dos princípios não negociáveis de comportamento, porque elementos inesperados sempre surgem durante o combate, e quanto mais decisões você puder transmitir para a linha de frente, melhor.
>
> Uma das razões para Nelson ganhar tantos combates navais foi que ele e seus companheiros, os outros capitães, tinham um claro conjunto de princípios de comportamento. Significava que, mesmo em condições

inesperadas ou quando não conseguiam ver os outros navios, eles podiam antecipar o que Nelson esperava que fizessem.

Nos negócios, a analogia é com os princípios não negociáveis da organização. Muitas das empresas mais bem-sucedidas e duradouras são aquelas que têm sido capazes de transmitir as decisões para mais perto da linha de frente, sem muitos intermediários. É porque a intenção do comandante, a essência do que a empresa está tentando realizar e os princípios fundamentais não negociáveis foram muito bem compreendidos.[3]

Adaptar-se ao contexto, ser capaz de responder ao confronto com o inimigo, tem claras repercussões organizacionais. Em minhas entrevistas, líderes falaram repetidamente sobre a necessidade de formas organizacionais menos rígidas e a necessidade da coleta de evidências ser feita próxima ao cliente.

Veja a descrição deste CEO de como a missão da organização influencia sua estrutura:

> Estamos altamente integrados. Somos uma organização multidimensional. Operamos em um mundo multidimensional e é realmente um desafio para as pessoas quando ingressam na empresa. Nós fornecemos um número gigante de sistemas, por isso é uma organização em que é necessária uma forte influência de habilidades de liderança para conseguir focar nos cargos que estão acima de você, ao seu lado e abaixo, e para conseguir que todos permaneçam alinhados.

COMO A MISSÃO IMPACTA A ORGANIZAÇÃO

Como um sentido de missão e propósito se torna central para a liderança e para o funcionamento da organização? Aqui estão algumas lições aprendidas com os líderes:

- **Nomeie gerentes e líderes de acordo com seus valores, e não apenas por suas habilidades técnicas.** Em mercados desafiadores e em rápida transformação, decisões baseadas em treinamento e experiência não produzem necessariamente os melhores resultados. *Acreditar* no que é a coisa certa a fazer (o que, em muitos aspectos, vai contra o argumento da evidência, mas apoia a necessidade de confiança) produz os resultados necessários. Quando a evidência não está inteiramente disponível, os líderes recorrem aos seus valores e isso, de muitas maneiras, é a sua principal defesa para as decisões no contexto mais amplo. As ações determinadas por meio de valores são poderosas quando se enfrenta mudanças. A interpretação e as articulações dos valores da organização precisam ter uma lógica coesa. Elas se inserem no que tem sido descrito como "os parâmetros culturalmente reconhecidos da prática organizacional aceitável". Tais valores não se encaixam no que foi apresentado ao quadro de funcionários como listas de desejos. Em vez disso, eles estão profundamente enraizados e determinam as ações dos líderes quando estão sob pressão.

- **Trace seu caminho por meio do perigo:** A lógica do comando da missão é que o controle do contexto é impossível. Para líderes excepcionais, a fonte da vantagem competitiva é uma combinação de missão, estratégia e tática. Na prática, é provável que isto signifique ciclos de tomada de decisão mais curtos que mantenham o foco no mercado, mas que sejam guiados numa direção clara pelo objetivo final da empresa. A discrição é fundamental, mas é uma discrição com parâmetros distintos.
- Faça **com que os diretores gerais sejam parte da equipe principal:** Minha pesquisa aponta para o fato de que os diretores gerais são o coração e a alma da organização. Eles sabem mais rápido do que ninguém o que funcionará e o que não funcionará. Pela natureza do seu papel, eles são ou deveriam ser parte da equipe de topo, mas em muitas organizações não são convidados a compor a mesa. O comando da missão exige intimidade entre a equipe superior e os di-

retores gerais e, acima de tudo, no desejo dos gerentes de que os líderes vivam seus valores e não os coloquem na situação desconfortável de ter que implementar uma estratégia que sabem que não funcionará.

- **Traga os dilemas à tona:** A natureza da liderança é trabalhar por meio dos dilemas. O impasse clássico de ser disciplinado em custos e ainda assim investir em pessoas e na organização não tem uma solução clara. Mas é importante a maneira pela qual cada dilema é tratado, contexto por contexto. Mais uma vez, os valores entram em jogo. Conhecer os valores da gestão de topo constrói confiança em momentos de dificuldade (ou, alternativamente, prejudica ainda mais a confiança). Resolver obstáculos isoladamente não é uma jogada sensata. Os líderes devem fazer com que os dilemas venham à tona e depois devem partilhá-los com os diretores gerais para criar uma equipe unida por desafios indesejados, mas capaz de ultrapassar os dilemas enfrentados.
- **Seja visto como autêntico:** Um tema comum nos livros de liderança publicados recentemente é a necessidade de agir autenticamente. A realidade é que a maioria dos líderes acha esta tarefa impossível. Há, claro, exceções. "Sinto-me totalmente à vontade no meu ambiente profissional porque, mentalmente, estou livre para ir embora, ninguém vai conseguir me obrigar. Vou fazer o que é certo. Ninguém me disse que sou livre para fazer o que acho que deveria ser feito, apenas tomei isso como certo", disse-me um alto executivo com grande confiança.

Mudanças e pressões constantes funcionam contra executivos que agem autenticamente. Eles simplesmente não sentem que podem ser eles mesmos. A natureza mutável das circunstâncias requer um comportamento adaptativo. O que foi dito há seis meses pode agora ser contradito. A perda de duas ordens principais pode destruir o balanço.

Em entrevistas, quase todos os líderes com quem falei descreveram este desafio da autenticidade. Todos se sentiam autênticos, mas a maioria, ao serem honestos, admitiam ser *vistos* como não autênticos. A autenticidade é profundamente pessoal, mas também repousa nos olhos de quem a vê. Para muitos, o fato de terem sido vistos como não autênticos os feriu. Eles estavam se esforçando para liderar a organização da melhor maneira possível, mas isso os levou a tomar decisões que contradiziam suas declarações anteriores.

> Como um CEO me disse, "Eu realmente me sinto uma pessoa autêntica. Sei que tenho sido criticado por não ser, mas, quando olho para o quadro geral, me disseram que sou reconhecido como autêntico, embora algumas de minhas ações pareçam ir contra isso. Deixo sempre uma porta aberta para a conversa e, quando as coisas estavam ruins, disseram-me: 'Compreendemos, provavelmente teríamos feito o mesmo que você e enfrentado as mesmas críticas e reações negativas. Respeitamos isso.' Como líder, você aceita essa reação e a vê como sua responsabilidade, quando na verdade é mais uma vítima das circunstâncias."

Ganhar esse respeito é um salto crucial para que os líderes sejam reconhecidos como autênticos em vez de se comportarem conscientemente, o que, dadas as circunstâncias de rápida transformação, é simplesmente impossível.

SOBRE A VISÃO

Vale a pena explorar a diferença entre visão e missão. Frequentemente elas são usadas quase indistintamente no mundo organizacional.

Na verdade, esses conceitos têm significados muito diferentes. Em contraste com as organizações lideradas pela missão, uma organização liderada pela visão depende do líder cuja visão molda o futuro da empresa. A diferença entre os dois é profunda. O futuro sustentável a longo prazo reside na empresa baseada na missão. Se houver um senso claro de missão, a transição de um líder para o outro não é muito prejudicial. Os valores profundamente enraizados da organização e a crença em seu sucesso contínuo sustentam a empresa em uma mudança de liderança.

Em contraste, as organizações orientadas pela visão são perigosamente dependentes de seus líderes para cria-la. Por definição, a organização liderada pela visão é vulnerável a uma escolha ruim do líder ou a um líder que tenha uma visão contrastante com a de seu antecessor. Um líder que vai em uma direção diferente sem ter construído a capacidade necessária para isso pode ser mais prejudicial do que um sem uma visão.

Claro que as visões já existem há séculos. Nos tempos modernos, pense no "sonho" de Martin Luther King de igualdade racial, ou na ambição do presidente Kennedy de pôr um homem na lua. No mundo dos negócios, lembre-se da aspiração de Henry Ford de produzir carros para as massas ou da esperança da Microsoft de colocar um computador em cada mesa de escritório e em cada casa.

Na década de 1980, o pesquisador de liderança Warren Bennis iniciou um famoso estudo sobre noventa líderes americanos, incluindo o ex-astronauta Neil Armstrong e um equilibrista. Bennis procurou identificar e codificar a liderança eficaz. Ele ofereceu uma visão de liderança baseada em quatro fatores: visão, significado, confiança e o desenvolvimento de si mesmo. A visão vem primeiro. Na verdade, Bennis definiu liderança como "a capacidade de criar uma visão convincente, traduzi-la em ação e sustentá-la".[4]

Sem uma visão do que você gostaria de alcançar, o que você faz não é referência de sucesso. Henry Kissinger alegou: "Os líderes devem invocar uma alquimia de grande visão. Aqueles que não o fazem são considerados fracassos, embora possam ser populares no momento."[5]

O SIGNIFICADO DA VISÃO

Como ponto de partida, é útil explorar o significado real do que é uma visão, e como ela deve ser construída e usada. Em seu influente livro

Built to Last, Jim Collins e Jerry Porras veem a função de um líder da seguinte maneira: "catalisar uma visão clara e partilhada da organização e assegurar o compromisso e a busca vigorosa dessa visão." A visão catalisa a organização.

Os autores afirmam que a visão tem dois componentes principais: uma filosofia orientadora e uma imagem tangível. A filosofia orientadora é "um sistema de deduções, princípios, valores e dogmas motivadores fundamentais" que deriva das crenças, valores e propósito fundamentais da organização. A composição da imagem tangível é uma missão e uma descrição vívida. A missão é "uma meta clara e convincente que serve para unificar o esforço de uma organização. Uma missão eficaz deve provocar e desafiar a organização, mas deve ser alcançável."[6]

Em seu trabalho influente sobre o aprendizado organizacional, Peter Senge enfatiza que uma visão compartilhada é um veículo para construir um significado compartilhado em uma organização, especialmente se for construída de forma participativa.[7] Ele entende a visão como a representação das aspirações orientadoras da organização. Essas aspirações são compostas por:

- *Visão*: uma imagem do futuro desejado.
- *Valores*: como esperamos trilhar o caminho que queremos seguir.
- *Propósito ou missão*: o que a organização está aqui para fazer.
- *Objetivos*: marcos que esperamos alcançar em pouco tempo.

Então, o que significa uma visão no contexto da criação de valor? Com base nas definições acima, uma visão de reforço de valor atende aos seguintes critérios:

- Atua como catalisador, oferecendo um futuro alternativo que desafia o *status quo* e mobiliza o compromisso.
- Oferece uma imagem tangível de um destino — um lugar melhor que criará mais valor para os stakeholders. Dessa forma, fornece a ponte do presente para o futuro.

- Atrai o empenho e dinamiza as pessoas — criando um sentido entre a vida dos trabalhadores e o seu trabalho, fazendo-os sentir que fazem parte de um todo maior.
- Estabelece um padrão de excelência e estimula a melhoria.
- Emerge de um processo considerado de pensamento, conexão e comunicação. A visão é um processo inclusivo. É a alquimia do alinhamento e do engajamento.

Pela sua natureza, então, uma visão não pode surgir totalmente formada. É por meio da elaboração de pequenos detalhes — tanto no nível da estratégia quanto no nível de como cada indivíduo se relacionará com ela — que as pessoas se engajam com a visão para trazê-la à vida. Em outras palavras, a forma como seguimos a visão em um departamento ou cargo será diferente de como o fazemos em outro — não menos importante, porque cada um começa de um lugar ligeiramente diferente. Mas ambos estão se movendo em direção a um destino em comum.

Jim e Jerry tratam a visão como uma entidade. A visão pertence a alguém, geralmente ao CEO, e vai embora com essa pessoa quando ele ou ela parte. A visão precisa ser incorporada à organização, para que quando o sucessor chegue, a entidade exiba e viva um propósito claro. Isso não acontece por acaso e é difícil de conseguir. Portanto, a alternativa é usar a visão como um processo e enfrentar o desafio de criar uma visão compartilhada que seja, por sua natureza, envolvente.

Um estudo sobre o processo de visão, realizado com minha esposa Nada e Linda Lee-Davis, revelou que a visão mal conduzida é uma das principais razões pelas quais as organizações são incapazes de realizar seus objetivos.[8] O resultado pode ser o caos organizacional, com divisões e departamentos passando mais tempo em competição disfuncional uns com os outros, criando uma empresa profundamente dividida. Paradoxalmente, os gestores têm poder para desenvolver seus próprios cronogramas e segui-los com uma disciplina invejável, mas não sem serem afetados pela espiral viciosa que enfraquece a organização. "Unidades de negócios egoístas" lentamente sangraram a corporação até à morte. O resultado é uma cultura de luta e uma mentalidade de curto prazo/ sobrevivência que corrói a vantagem competitiva da empresa.

Para combater isso, minha pesquisa identificou quatro passos para uma visão eficaz:

- **Convicção pessoal para quebrar a espiral descendente.** Manter uma convicção sobre o que precisa ser feito, e como, é essencial para todo o processo de visão. A convicção vem ao entender o que realmente pode ser realizado com a organização e os ganhos que podem ser conquistados a partir de um processo menos desagregador, que rompe com uma mentalidade de divisão. A convicção depende igualmente do conhecimento realista do que é necessário para influenciar fatores externos, bem como os stakeholders internos essenciais. A convicção pessoal e o poder de permanência estão interligados.
- **Compromisso da equipe sênior.** Uma organização dividida gera, continuamente, mensagens contraditórias. Para que isso mude, o líder tem que mostrar como o poder discricionário pode ser usado de forma produtiva. Muito depende da criação de uma cultura de escuta. Criar espaço suficiente para que cada pessoa da equipe traga o que a motivou e por que ele ou ela tinha tão pouca confiança na organização e em sua liderança incentiva encorajamento na transparência e compartilhamento. Deixar espaço suficiente para ouvir e discutir estimula a diversidade de pensamento, o que canaliza a energia para um acordo significativo. O principal objetivo é a adesão e a apropriação das ações que devem ser tomadas.
- **Feedback** rápido. Os problemas devem ser abordados à medida que surgem. O feedback deve ser dado à medida que a observação é feita. Isso é um grande salto comportamental. Em uma organização dividida, a cortesia nas reuniões e os acordos oferecidos prontamente funcionam como um prelúdio

para renegociar tudo o que foi acordado na reunião assim que ela termine. Os problemas não são abordados e as observações não são contestadas. O CEO e o presidente acabam sendo influenciados pela última pessoa que os encontrou. A mudança deve ser para uma situação em que toda a discussão ocorra dentro da reunião. Ponto final. A transparência e a igualdade de oportunidades para falar tornam-se a norma. Insistir que o feedback positivo e negativo determinado pela evidência seja oferecido é a forma de criar uma cultura de diálogo. Essa cultura precisa aceitar comentários construtivos sem defesas.

- **Estabelecer uma cultura visionária.** O sentido de parceria na construção do futuro, baseado no feedback rápido e no compromisso pessoal e de equipe, tem de ser ainda mais aprofundado na empresa. Deve basear-se na vontade de abordar preocupações que muitos possam ter manifestado silenciosamente e de estabelecer uma cultura de perspectiva de um caminho claro, baseado em ideais e valores partilhados. Dependendo dos desafios enfrentados pela organização, o processo de criação de uma cultura de visão pode precisar ser dividido em partes gerenciáveis, em vez de abordar o problema todo de uma só vez. A colheita dos primeiros frutos e as vitórias rápidas que surgem são motivações poderosas. Em breve uma linguagem comum emergirá e precisará ser cultivada em toda a organização. A reflexão retrospectiva é reduzida de forma sustentável e substituída por uma exploração mais ampla de novas oportunidades.

MISSÕES MÓVEIS

A forma como uma empresa entende o sucesso e o valor que precisa criar para alcancar suas realizações não é algo fixo ou estático. A forma de entender o que é sucesso se modifica. Na verdade, para muitos líderes, mudar o entendimento do que constitui o sucesso é parte integrante do seu trabalho.

Kevin Lobo, da Stryker, compartilhou comigo:

> Nós mudamos a definição do que é vencer na empresa, focando as métricas no mundo exterior, então é vencer contra a concorrência, e não temos status totêmico dentro da empresa. Nós mudamos as pessoas entre as divisões, mudamos os incentivos e criamos laços oportunos para que várias divisões trabalhem juntas para os clientes.

Para um empreendimento liderado por uma missão, como é o caso da Stryker, Kevin Lobo usa a visão como uma ferramenta operacional, mais do que um distante adorno decorativo.

Ed Rapp, da Caterpillar, observa:

> O fundamental para mim quando se chega a este nível é: você pode criar uma visão convincente e então dividi-la em pedaços de modo que cada pessoa na organização entenda que papel ela desempenha? Na liderança, essa é a coisa mais difícil.
>
> Como líderes, às vezes nossos olhos são maiores do que nossos estômagos, tomamos uma infinidade de iniciativas em vez de perguntar: quais são as poucas iniciativas que vão fazer a maior diferença?
>
> Estou à procura de líderes que possam criar essa clareza, estou à procura de alguém que compreenda o negócio e as alavancas que impulsionam o valor. Que podem intuitivamente olhar para os números e saber quando estão certos ou errados. Que conhecem o nosso modelo de negócio e as alavancas utilizadas para criar valor para os clientes e para os acionistas. Além disso, há duas responsabilidades que nos conduzem à melhoria contínua: deixar o lugar melhor do que o encontramos e em mãos mais capazes. Não queremos pessoas que se importem mais com *elas* do que com a empresa. Se você olhar para uma personalidade forte no mundo corporativo, muitas vezes há um vácuo enorme depois que ela sai, por isso estamos procurando pessoas que são administradoras do negócio em vez de personalidades no negócio.

Em última análise, como sugerem os comentários de Ed Rapp, a missão não é pessoal. Ela tem que se estender além da agenda de um indivíduo para engajar e melhorar a organização, o mercado, a indústria e o mundo de forma vibrante.

A DISCIPLINA DA MISSÃO: EM RESUMO

- As organizações baseadas na missão e lideradas pela visão são duas entidades diferentes.
- As organizações baseadas na missão se concentram em realizar seu propósito final em uma base de valores profundamente enraizada pelos líderes e membros da empresa.
- Valores conscientemente determinados e profundamente enraizados guiam o líder por meio das tensões e dilemas do Engajamento x Alinhamento.
- A natureza destes valores é crítica. Valores não refletidos promovem o preconceito, que cega os indivíduos e a organização para seus próprios desafios e problemas.
- Os valores refletidos promovem a inclusão e um ambiente propício à inovação, à criação de confiança e à identificação de novas oportunidades.
- Ser orientado pela visão expõe a organização aos valores e à visão direcional de um único indivíduo, tornando, assim, a empresa vulnerável.

PERGUNTAS-CHAVE

- A sua organização é baseada em missão ou visão, e como você as identifica?
- Quais são os valores verdadeiros e comportamentais da sua organização, independentemente do que está escrito?
- Os valores da sua organização promovem a inclusão, a transparência e uma cultura de inovação?

- O CEO promove os seus pontos de vista e valores, que desaparecerão quando ele ou ela sair? Em caso negativo, como eles serão integrados no tecido da empresa?
- Você sente que os valores da sua organização são conscientemente determinados, baseados em evidências e profundamente enraizados para que os gestores sejam guiados por meio das tensões e dos dilemas que enfrentam?

5

DISCIPLINA 3

ALINHAMENTO

Quando conversei com René Obermann, ele era CEO da Deutsche Telekom. Esteve na empresa por dezoito anos, dos quais passou sete como diretor e onze como membro do conselho administrativo. Pouco depois de termos conversado, Obermann anunciou que estava se demitindo do cargo de CEO. Queria se aproximar o máximo possível das atividades operacionais do que era viável para o CEO de uma corporação internacional, e assumir atividades ainda mais empreendedoras: "Quero voltar a ter mais tempo para os clientes, para o desenvolvimento de produtos e para a tecnologia", disse ele.

No fim de 2013, Obermann deixou a empresa. Foi um evento notável: nesta era de crescente rotatividade executiva, poucos CEOs saem nas condições que acham melhor, poucos gerenciam sua sucessão de forma clara ou têm uma noção convincente de seu legado.

Olhando para trás no seu mandato, isto é o que René Obermann disse:

> Nos últimos anos temos encontrado soluções para nossos principais problemas — mostramos um desempenho muito mais forte nos Esta-

dos Unidos, somos mais competitivos em nosso mercado interno do que há alguns anos, sendo reconhecidos pela melhor rede, pelo melhor atendimento ao cliente na indústria, e estamos nos expandindo com uma variedade de produtos e serviços inovadores. Como empregadores, temos dado um novo impulso ao tema da diversidade, que tem sido reconhecido e até replicado para além da empresa. Além disso, colocamos muito foco nos nossos valores-chave, desde a centralidade do cliente até o respeito e a integridade. E a organização tem uma base financeira sólida e recuperou a confiança da comunidade de investidores. Em suma: este é o momento certo para se preparar para passar o bastão e garantir uma transição suave.

Quando falei com Obermann no seu gabinete alguns meses antes da sua partida, ele contou os desafios que tinha enfrentado durante o mandato. O alinhamento era uma questão central para eles. Foi assim que explicou:

Estamos nos transformando rapidamente do velho mundo das telecomunicações para o mundo IP. É mais do que uma transformação tecnológica, isso muda tudo o que fazemos. A empresa evoluiu significativamente em sua eficiência, por isso somos muito mais competitivos do que éramos há sete ou oito anos. Estabelecemos uma posição de liderança em vários mercados *wireless*, incluindo a Alemanha. Nós desenvolvemos um foco muito melhor no atendimento ao cliente, comprovado por uma série de indicadores-chave de desempenho, que são objetivos, por isso não sou apenas eu que estou dizendo. Além disso, integramos diferentes operações, em particular as de telefonia móvel e fixa, e os serviços de distribuição de conteúdo, em uma única face para o cliente.

Assim, levamos a empresa de uma organização de linha de produtos para uma organização voltada para o cliente, com foco no consumidor e também nas necessidades do cliente empresarial. Estamos caminhando para impulsionar a escala internacional — embora ainda não tenhamos estabelecido uma integração funcional suficientemente forte para além das fronteiras, a fim de gerar os efeitos de escala internacional, que são extremamente necessários no mundo da internet, onde os mercados são, por definição, sem fronteiras.

O verdadeiro desafio é encontrar o melhor alinhamento de estruturas e processos, além de fronteiras — por exemplo, no desenvolvimento de produtos — e estabelecer um modelo "glocal". Há muitas atividades que precisam ser locais, mas há muitas que precisam ser globais. Em algumas áreas já somos globais, como, por exemplo, no setor de aquisição; em outras, somos parcialmente, como em desenvolvimento de produtos ou parcerias com empresas de internet. Por exemplo, fizemos parceria com a Spotify em alguns mercados e em outros mercados com outra empresa de *streaming* de música. E há muito mais exemplos como este. Então ainda não encontramos a otimização "glocal". Mas estamos trabalhando nisso.

Obermann se refere à criação de estruturas que lidam com a complexidade dos mercados e a descoberta desse equilíbrio desafiador entre as demandas globais e locais. Embora ele não se refira diretamente à diversidade de pensamento, seus comentários exemplificam isso. Ele oferece modelos, delineando qual é a estrutura ideal para lidar com as tensões entre as necessidades globais e locais.

O alinhamento é, em primeiro lugar, uma visão comum sobre os principais desenvolvimentos do mercado, uma visão comum sobre as necessidades dos clientes, as prioridades e o roteiro estratégico. E uma orientação muito forte sobre os valores da empresa.

Para nós, a satisfação do cliente é o primeiro valor. O segundo é integridade e respeito. O terceiro é equipe próxima/ distante. O quarto é criar o melhor lugar para trabalhar e crescer. O quinto é "conte comigo". Se for falar com os gerentes seniores e perguntar sobre esses valores, acredito que obterá respostas semelhantes. Podem não ser exatamente nessa ordem, mas apresentariam estes cinco valores.

Então a satisfação do cliente seria o primeiro. O segundo, as pessoas podem sentir que é exagerado. O terceiro, equipe próxima/ distante, melhorou, porque temos muito menos política e perdas do que tínhamos há cinco anos. Não somos perfeitos, ainda temos algum comportamento político aqui e ali, mas não está no mesmo nível que costumava estar. Em relação a "criar o melhor lugar para realizar e crescer", acho que ainda não estamos muito melhores do que outras empresas de telecomunicações, mesmo que tentemos virar a pirâmide e enfatizar a apreciação por engenheiros e clientes, mas ainda assim é uma organização bastante hierárquica. Acho que isso tem de ser resolvido mais vezes. O quinto, o valor da confiabilidade, também acho que foi bem incorporado na organização.

LIDANDO COM ALINHAMENTO

René Obermann descreve francamente o verdadeiro campo de batalha para alinhar uma grande organização internacional. É uma luta constante, um combate penoso tentar nocautear o monstro organizacional, só para vê-lo revidar mais uma vez.

O alinhamento é uma dessas coisas curiosas. Executivos seniores tendem a falar muito sobre isso. E, no entanto, como disciplina, não é tão zelosamente pesquisada como outras áreas, como o compromisso e a missão. O alinhamento é um elemento vital na fórmula do sucesso, talvez o mais vital, pois é frequentemente ausente.

Alinhamento refere-se às estruturas, aos sistemas, processos e protocolos necessários para posicionar a organização na realização de sua estratégia, de seus objetivos e resultados desejados. Na verdade, o alinhamento é a plataforma que deve ser construída para executar a estratégia.

É assim que Kevin Lobo, CEO e presidente da Stryker Corporation, descreve o processo de alinhamento em que vem trabalhando:

> Os quatro temas que introduzi como CEO foram globalização, colaboração, inovação e otimização de custos. As minhas quatro *manobras*, como as chamo. A colaboração é uma grande mudança e a minha equipe está passando mais tempo junta. Temos mais métricas e objetivos comuns que estão alinhados, e essa mudança é nova para a nossa empresa. Está

indo tudo bem, mas ainda estamos nos primeiros dias desse processo.

Eis como Paul Achleitner, do Deutsche Bank, descreve seu processo de alinhamento:

> O Deutsche Bank é uma das poucas instituições europeias com potencial para competir globalmente com os bancos americanos. Para chegar a essa posição, ele teve que se transformar e se distanciar de suas raízes — 142 anos de história — para um ambiente global de mercados de capitais anglo-saxônicos. É uma das poucas instituições que integrou com sucesso uma grande atividade de banco de investimento global e a desenvolveu. Isso coloca tensões culturais sobre a organização, mas é uma instituição que realmente tem o potencial de competir nessa área, e o desafio é fazer com que isso aconteça em um ambiente regulatório, político e competitivo que se transforma.
>
> Para que isso aconteça é necessário, em primeiro lugar, criar uma cultura que realmente valorize os sistemas, processos e os princípios básicos da canalização, tanto quanto os geradores de receita da linha de frente. Isso exige uma cultura que realmente se concentre nos clientes, e não nas contrapartes, e exige uma consciência de que, no ambiente social e político atual, os bancos precisam ser vistos como guardiões prudentes de um sistema financeiro estável, em vez de inovadores de produtos financeiros.

A partir dessas perspectivas, três elementos-chave do alinhamento podem ser identificados:

Um: alinhamento do pensamento entre os principais players**.** Em particular, o alinhamento de pensamento da equipe de topo e do conselho, entre o conselho e a equipe de topo e entre a equipe de topo e a direção geral. É fundamental que haja um amplo consenso sobre a natureza da estratégia e o que é necessário em termos de estrutura e investimento em processos específicos para executar essa estratégia.

Minha pesquisa anterior sobre as equipes de topo e conselhos destacou um desafio exigente e universal na entrega de valor. De um banco de dados de 12.500 equipes de 21 países e 5 mil conselhos de administração de catorze países, mais de 34% das equipes de topo estavam continuamente desalinhadas com a missão, visão e estratégia da organização. Não surpreendentemente, talvez, isso fez com que o comportamento político disfuncional fosse a norma. Além disso, mais de 66% dos membros da equipe de topo e diretores gerais relataram ser incapazes de apontar preocupações críticas e, por meio de sua inação, permitiram que a organização sofresse um desgaste. Da mesma forma, mais de 80% dos conselhos estava fora de contato com a realidade da organização, tornando, assim, sua contribuição periférica.

Acertar nesse alinhamento começa no recrutamento de pessoas. Uma pesquisa realizada pela empresa de consultoria global baseada em membros de executivos de alto nível, a CEB, descobriu que, nas contratações externas, os funcionários levam o dobro do tempo para crescerem quando comparados com um líder promovido internamente. Surpreendentemente, os executivos de alto nível relatam que apenas um em cada cinco executivos contratados de fora é visto como tendo alto desempenho no final de seu primeiro ano na empresa. E, finalmente, dos 40% dos líderes que são contratados de fora todos os anos, quase metade falha nos primeiros dezoito meses. A CEB estudou mais de 320 líderes em 36 organizações e descobriu que os líderes externos falham porque simplesmente não trabalham bem com as pessoas em suas equipes.

Como resultado, de acordo com a CEB, empresas líderes e empresas de pesquisa estão mudando seus critérios de contratação — focando não apenas em habilidades e ajuste cultural, mas também em ajuste de rede: o quão bem essa contratação em potencial vai se ajustar à maneira como seus novos colegas trabalham. A pesquisa mostra que a contratação voltada para o ajuste mais centrado no quadro de funcionários pode melhorar o desempenho da marca em 30% em dois anos. Isso mostra mais do que o dobro do impacto de avaliar apenas a adequação da cultura geral.

Por exemplo, a Ingersoll Rand mudou a sua abordagem em relação à avaliação de potenciais líderes, concentrando-se não apenas nas qualificações, mas em quatro novas "categorias adequadas" — conhecimento, valores, experiência profissional e comportamentos de liderança — que, combinados, produziram uma visão mais completa do estilo do executivo e de como ele ou ela provavelmente abordaria o trabalho.

A Ingersoll Rand reconhece que, para se adaptar, um executivo nem sempre tem de ter o mesmo estilo da equipe. A empresa tem dois tipos de ajuste: O "conformista", semelhante à equipe interna, e o "complementar", que pode ser chamado quando o propósito de trazer um novo executivo é provocar alguma ruptura produtiva na forma como a equipe atual está trabalhando.

Dois: alinhamento da estrutura, ou seja, as próprias configurações estruturais que atingirão determinados fins, por exemplo, centralizadas versus descentralizadas, ou estruturas matriciais. As organizações estão cada vez mais complexas. Esqueça as reportagens feitas em linha reta na cadeia de comando. A realidade na maioria das organizações é que a vida é matricial — não há mais linhas de comunicação simples e singulares. Em meu livro *Working in Organizations*, dedico um capítulo inteiro a diferentes formas estruturais, que hoje se transformaram efetivamente em variações de estruturas matriciais. Henry Mintzberg escreveu extensivamente sobre configurações estruturais, delineando os pontos fortes e fracos de cada uma. No passado, muitas grandes empresas passaram por programas de reestruturação dolorosos, muitas vezes por recomendação de empresas de consultoria. O objetivo era melhorar a eficiência, mas a reestruturação nem sempre conduz a uma maior eficácia. Quando ela falha em integrar o pensamento sobre o alinhamento com a realidade do engajamento, os ganhos de eficiência são muitas vezes ilusórios.

Três: alinhamento de sistemas, especificamente os sistemas operacionais (RH, TI, finanças, aquisição) e protocolos, principalmente de finanças, que permitem o funcionamento das estruturas e facilitam a execução da estratégia.

Dave Mackay, ex-presidente/ CEO e diretor da Kellogg Worldwide, fala de sua experiência:

> Quando assumi o comando das operações americanas, a estrutura organizacional era impulsionada mais pelas funções corporativas do que

pelas unidades de negócio. Essas unidades tinham perdido o poder, as funções corporativas estavam tomando mais decisões do que deveriam.

Você realmente precisa que os operadores estejam dirigindo o negócio e que as funções corporativas de apoio não estejam lá para impor sua vontade política. Então, eu tinha que desenrolar essa estrutura, criando unidades de negócios apropriadas com o nível certo de autoridade e responsabilidade. Eu não era muito popular com as funções corporativas, porque eles estavam perdendo, e muitas pessoas tinham de ir embora; houve uma grande quantidade de mudanças e, por fim, conseguimos que a estrutura do negócio funcionasse e voltasse a ter um papel mais razoável.

ALINHADOS E ENGAJADOS

Embora o alinhamento e o engajamento sejam dois elementos separados da fórmula do sucesso — e, portanto, exijam dois conjuntos distintos de processos e considerações — a pesquisa mostra que os dois estão interligados. Assim, se o alinhamento é a lógica e a estrutura para executar a estratégia, o engajamento é o desejo, a disposição, a motivação (ou desmotivação) para fazer com que as estruturas e os processos funcionem.

No entanto, tipicamente, essas duas considerações têm sido tratadas separadamente — tanto academicamente quanto de uma perspectiva de consultoria. As formas ou os processos estruturais que forem implementados terão repercussões no engajamento. No entanto, o debate sobre as repercussões do alinhamento raramente ocorre dentro das organizações, pois o tema levanta atritos distintos.

Como alguém desafia o CEO e lhe diz que a sua estrutura está errada? O que fazer quando os indicadores de desempenho estão levando a organização para uma forma isolada de pensar e operar e, ainda assim, o trabalho em equipe multifuncional é necessário, mas não pode ser facilmente medido como um resultado? Como induzir uma cultura de indicação de clientes de um departamento para outro quando os consultores envolvidos são recompensados pelo tamanho do contrato alcançado? Indicação de clientes significa dividir, e poucas organizações desenvolveram maturidade para tal prática. As sensibilidades são compreensíveis. Desafiar o chefe, desafiar o sistema e desafiar todo o tecido da organização geralmente não contribui muito para a promoção da carreira de uma pessoa. Isto tem que mudar se o desalinhamento tiver que ser resolvido. É necessário desafiar construtivamente visões e práticas enraizadas.

ALINHAMENTO DA HP

A imprensa empresarial está cheia de histórias sobre estratégias equivocadas. À espreita, logo abaixo da superfície de muitas delas, estão as repercussões do alinhamento e engajamento mal geridos. Veja o exemplo da Hewlett-Packard há alguns anos.

Foi assim que a *Fortune* descreveu Mark Hurd, o então recém-nomeado CEO da HP, após a demissão de Carly Fiorina como CEO:

> Hurd fica empolgado ao se inteirar dos números de vendas — ele brinca sobre "interrogar os dados" até que eles confessem. Fiorina adorava os holofotes; Hurd não queria estar na capa das revistas. Fiorina monopolizou em Davos, a *teach-in* anual para os "plutocratas" nos Alpes Suíços; Hurd faltou a edição deste ano alegando "compromissos com o cliente". Fiorina estava sempre em destaque; Hurd é a otimização de vendas vestida de terno.[1]

O artigo enfatizou as diferenças de visão e abordagem entre Hurd e Fiorina. É particularmente visível o alinhamento que Hurd criou entre as oportunidades de mercado e os pontos fortes da empresa. "Hurd resume as oportunidades da HP em três tendências de mercado que combinam perfeitamente com as três unidades principais da empresa... não importa como você recebe as suas opiniões, ele está simplesmente tentando alavancar as questões nas quais a HP já é boa", a história continua. "É como se um novo CEO da Procter and Gamble perguntasse — 'o que mais podemos fazer com pasta de dentes e fraldas?'"

Hurd desmontou o grupo de vendas centralizado e inverteu a estrutura de Fiorina, que combinava impressoras e PCs. Apesar das demissões, redução das despesas em pesquisa e desenvolvimento, introdução de regimes de promoção global e congelamento das pensões, a gestão e a força de trabalho pareciam estar apoiando Hurd. Ele também trouxe novos talentos de gestão, e os resultados de seus esforços foram o aumento dos lucros e dos preços das ações.

O alinhamento oferece uma dupla vantagem: a redução da complexidade e uma maior nitidez ao mostrar claramente as ligações entre as iniciativas. A proposta de valor é clara. A partir daí o confronto concentra-se mais nos detalhes.

ALINHAMENTO DO PENSAMENTO

Como observou um diretor geral sênior: "Nunca é a estrutura ou os sistemas; é o fato dos meus chefes não estarem pensando em conjunto. Por que acha que continuamos mudando a estrutura a cada nove meses, mais ou menos? É porque não conseguimos chegar a um acordo sobre como fazer o nosso negócio."

A minha pesquisa apoia este ponto de vista. Quando a equipe de topo não concorda, cada membro caminha em uma direção diferente. As mensagens confusas que se seguem afastam os diretores do centro corporativo. Os resultados finais são um pesadelo estrutural, com o centro sendo visto como não fornecendo nenhum valor, um pântano organizacional desalinhado em vez de um fornecedor dinâmico de valor agregado.

Retornando à fórmula — EST x (ENG + AL) — que descreve o mau desempenho, minha pesquisa mostra um padrão particular na maneira pela qual a estratégia é implementada quando há pouco alinhamento do pensamento no topo. A politização de ganhar o apoio de amigos, colegas e qualquer outra pessoa predomina.

Com apoio suficiente, o próximo passo é a estrutura seguir uma estratégia, um conhecimento já estabelecido e visto por muitos como a melhor prática. A minha pesquisa mostra que, muitas vezes, não é esse o caso. A organização não aderiu a essa via. Apesar disso, a estratégia é empurrada por meio da estrutura. A prática atual diz que o próximo passo é que o programa de mudança seja transmitido pela empresa. Na verdade, a gestão e os trabalhadores ficam alienados no caminho. Suas preocupações e objeções, embora ouvidas, são pouco mais do que uma liberação da válvula de pressão para reduzir a tensão. Se a venda agressiva da estratégia não funcionar, então é uma questão de encerramento ou de afastamento. Você não se encaixa e está prejudicando o que estamos tentando alcançar.

Apesar das descobertas extensas espalhadas na literatura acadêmica e também da gestão e estratégia popular sobre fusões e aquisições que falharam, programas de mudança que descarrilaram e iniciativas de cultura e valor que não funcionaram, a prática EST X (ENG + AL) continua.

A estratégia e a estrutura estão vistas como o caminho evidente a seguir. Em vez do feedback, a estratégia é vendida para o resto da organização.

Contra todas as evidências, na atual vontade de acertar a estratégia, a estrutura segue a estratégia, e então vende-se, ou impõe-se, aos funcionários, e as mudanças organizacionais que muitas vezes eles sabem que não funcionarão continuam com uma frequência surpreendente. Os gerentes que uma vez defenderam programas de mudança com frequência, refletindo muitos anos depois, me dizem que subestimaram a influência da cultura e o impacto prejudicial do baixo engajamento. Eu tenho acompanhado alguns dos gerentes que relataram suas experiências decepcionantes. Muitos continuam a repetir exatamente a mesma abordagem de mudança em outros lugares.

ENERGIA ALTERNATIVA

Há uma alternativa. Jeff Fettig, da Whirlpool, oferece uma maneira de avançar usando valores:

Temos cinco valores: respeito, integridade, diversidade e inclusão, trabalho em equipe e espírito de vitória. Estes cinco valores fundamentais são muito poderosos, muito importantes. Não são slogans na parede, temos uma expectativa muito clara para cada um.

Para cada valor, apresentamos aos nossos funcionários o que a Whirlpool espera deles e o que eles devem esperar da Whirlpool. Em seguida, reforçamos por meio de nossos sistemas de desenvolvimento, incorporado em nosso processo de avaliação, em nossos planos de desenvolvimento profissional e como parte de nossas avaliações anuais de desempenho. A incorporação de nossos valores está entre os cinco principais critérios que utilizamos para medir o desempenho. Acreditamos fortemente que o "o que" e o "como" são igualmente importantes em nosso trabalho. Muita gente só se preocupa com "o que". Na Whirlpool é preciso prestar atenção a ambos. Se você é realmente bom em resultados, mas não demonstra completamente nossos valores, não terá sucesso aqui.

A outra coisa que apoia tudo isso é o nosso processo de gestão de desempenho, que aperfeiçoamos e continuamos a aperfeiçoar nos últimos quinze anos. E é muito completo e disciplinado — é inevitável em todos os níveis da organização. E temos as ferramentas e os sistemas que construímos ao longo do tempo para nos dizer se estamos no caminho certo ou errado — do nível corporativo ao nível individual.

ESTRATÉGIA VERSUS ENTREGA

Uma distinção importante precisa ser feita aqui — entre as organizações orientadas para a estratégia e aquelas orientadas para a entrega. As organizações orientadas para a estratégia se relacionam com a responsabilidade. Mas aquelas orientadas pela entrega de valor relacionam-se com assumir responsabilidades (guiadas pela missão). Para ser claro, a estratégia continua sendo importante. Ninguém está dizendo que uma empresa não precisa de uma estratégia. Mas, isoladamente, ela é perigosa. Cada organização opera dentro de um contexto. Uma estratégia não compatível com o contexto — capacidades internas e condições do mercado externo — está destinada ao fracasso. Aqui entra o alinhamento. Para serem eficazes, as capacidades organizacionais e as oportunidades e ameaças de mercado devem estar alinhadas com a estratégia. Caso contrário, a estratégia é mal-orientada.

O objetivo de uma estratégia é identificar o território que a organização quer ocupar no futuro — seja em um, três ou cinco anos. Não faz sentido ter uma estratégia que a organização não tenha ferramentas para executar ou na qual um espaço de mercado identificado não exista. Estratégia é ambição. A estratégia é sobre um conjunto de metas e objetivos com os quais os stakeholders se comprometem. Ela, porém, não tem relação com números. É uma questão de intenção.

A questão-chave para a estratégia é: dado quem somos, onde estamos e o que temos, para onde podemos ir e o que nos colocaria numa posição mais forte?

Como explica Catherine Livingstone, da Telstra:

> Eu veria a estratégia como uma visão de, idealmente, cinco anos. Atualmente, se você tem uma visão de dois ou três anos, está indo bem. Não se trata, em primeira instância, de números; a discussão do orçamento não é uma discussão estratégica. As discussões de estratégia devem ser realizadas na ausência de números detalhados. Você pode ter uma ambição estratégica; seja em termos de crescimento de x por cento ou de querer passar de uma empresa de 2 bilhões de dólares para uma de 8 bilhões neste período; com isso está definindo em termos financeiros, mas não está dizendo "Nossa receita será de tanto" e "Nossas despesas e margem bruta serão essas...". Isso é uma discussão de orçamento.
>
> Uma discussão estratégica olha para o modelo de negócio, a estrutura do modelo de negócio, e se pergunta como ele evoluirá no contexto da tecnologia, mas também nos setores da indústria; como se transformará, como você vai manter um avanço competitivo, onde está o sábio espaço para mudanças, e como pode crescer e contribuir para o crescimento do valor dos acionistas. Portanto, a estratégia tem relação com definir a ambição e decidir sobre provavelmente dois ou três grandes movi-

mentos que podem ser feitos ao longo de, digamos, cinco anos, quer você reoriente a organização ou realmente dê duro na trajetória atual. E depois que isso for definido, você pensa "Ok, isso está bom. O que vamos fazer amanhã, e como vamos implementar isso?".

TRABALHANDO EM MEIO À POLITICAGEM

"Há trinta anos, éramos como a maioria das outras empresas. As pessoas gostavam de falar sobre as coisas boas, de ignorar problemas, e todo o conselho tentava evitar controvérsias", diz Jeff Fettig, da Whirlpool. "Em termos de politicagem, na nossa empresa, somos provavelmente um ou dois numa escala de dez. Não acreditamos nisto, não permitimos, não aceitamos."

Criar a plataforma certa de alinhamento e engajamento requer confiança. A confiança requer um certo grau de boa vontade e disposição para colocar a empresa em primeiro lugar. As organizações melhor administradas parecem ser capazes de cortar a política, porque são construídas sobre esse tipo de plataforma.

Ed Rapp, da Caterpillar, explica:

> Não sei quantas vezes ao longo da minha carreira tive uma mensagem no meu telefone que começou com "atenção". "Atenção", eu estava numa reunião e o chefe estava fazendo essas perguntas, ou eles estavam questionando essa direção...
>
> Acredito que a fundação da cultura não é baseada em um "te peguei!"; em que você cresce às custas de outra pessoa. Isso não quer dizer que numa grande empresa como a CAT a politicagem não ocorra, mas há um entendimento tácito de que a empresa vem em primeiro lugar e é maior do que qualquer indivíduo.

Em outras organizações não há tal entendimento. Na verdade, o desalinhamento é rotineiramente manifestado em uma abundância de políticas organizacionais.

O verdadeiro teste é perguntar aos diretores gerais, de dois níveis abaixo, o que realmente está acontecendo. Normalmente, a história é bem diferente do que se ouve no conselho. Muitas vezes, vai descobrir que a politicagem é uma realidade profundamente enraizada na organização.

O *Aurélio* define política assim: "Direção de um Estado e determinação das formas de sua organização/ Prática de oferecer direcionamentos ou de exercer influência." Até certo ponto, a política é inevitável. Mas como pode e deve ser gerida?

Meus estudos globais identificam sete passos para trabalhar com demandas contrastantes:

- **Mapear as agendas** — Identifique os stakeholders principais propensos a impactar significativamente a organização. Ao fazer isso, entenda seus objetivos e a sua motivação. Considere as razões para as posições que tomaram. Em seguida, considere a abertura à persuasão de cada um deles.

Uma visão sincera veio de um presidente:

> Tento realizar as coisas falando com as pessoas e tento fazê-lo diplomaticamente. Não faço as coisas a portas fechadas. Acho que é muito melhor ser aberto, honesto, claro e transparente sobre as suas opiniões.
>
> Provavelmente tenho alguns problemas com isso às vezes, mas acho que é o melhor caminho a seguir. Mas sou político em termos de tentar ser diplomático, não de tentar acabar com tudo. Às vezes as pessoas conseguem estragar tudo porque estão tentando provar um ponto. Não é exatamente sobre se provar, você realmente tem que trabalhar junto, é muito melhor colocar as questões na mesa e deixar claro — não deixe as pessoas do lado de fora, vocês ainda têm que trabalhar juntos.

- **Aproximar todos** — A máxima de "mantenha seus amigos perto, e seus inimigos mais perto ainda" não sobreviveu à análise de minha pesquisa. Muitos altos executivos enfatizaram o tratamento igualitário de todos. Relações abertas e intimidade profissional podem ser criadas. Mostrar favoritismo corrói as relações. A proximidade dos relacionamentos nutre o conforto necessário para compartilhar experiências, dúvidas e visões. Conversas reais sobre os motivos de existirem diferenças profundas podem começar.

- **Mudança de mentalidade** — Depois de criar relacionamento, conduzir os outros para o seu ponto de vista é considerado a habilidade mais sensível e crítica da política. Este processo de influência sutil pode ser realizado cara a cara, em um grupo pequeno, formal e/ ou informalmente, em festas ou mesmo em encontros ocasionais. Nenhuma maneira funciona melhor do que a outra. O tratamento sensível de cada parte interessada é fundamental. Assim, muitos descreveram o processo como mentalmente exaustivo e demorado, mas absolutamente vital para empreender.

Um diretor não executivo independente sênior descreveu como seu presidente induziu uma mudança fundamental de pensamento no conselho:

> Ele nos reuniu, como em um dia de folga, mas foi a conversa da noite que fez toda a diferença. Ele nos perguntou o que achávamos da diretoria e da organização e quais eram nossas experiências e recordações do passado no presente. "Seria bom ouvir o que todos nós sentimos sobre este quadro e o que estamos fazendo", disse ele. Sou um dos membros com maior tempo de permanência no quadro, por isso, tinha muitas histórias para contar. Tenho boas recordações deste conselho. Contei do nosso passado maravilhoso e o impacto que teve em mim.
>
> Enquanto eu falava, comecei a perceber que o passado estava me atrasando, e que precisava repensar meu papel e contribuir para esse quadro. Na verdade, enquanto eu estava falando, ficou claro para mim que o papel e a contribuição do conselho tinham de mudar.
>
> Então o segundo membro com mais tempo seguiu. Ele também mostrou um passado glorioso e eu pude ver como sua história foi tecida, uma

nova percepção surgiu. E assim falou o terceiro, quarto e assim por diante, cada um com uma visão positiva da história do conselho e cada um silenciosamente reconsiderando como seguir em frente.

Foi então que a mais nova membro do conselho contou a sua história. Ela nos agradeceu por nossas histórias e afirmou que admirava o legado que havia assumido, mas perguntou por que trouxemos tanto o passado para o presente. Para ela era evidente que a transformação era necessária e isso se desdobrou em uma mudança de pensamento antes de qualquer outra coisa. Através de tudo isto, o presidente sorriu, acenou com a cabeça, fez alguns comentários de apoio e simplesmente sentou-se e assistiu à nossa mudança de mentalidade. Provavelmente é por isso que respeito tanto esse homem. Ele disse pouco, mas alinhou-nos de uma forma que poucos poderiam fazer.

- **Seja inteligente com a informação** — O mentor do parlamento britânico do século XVIII, Edmond Burke, popularizou a frase "econômico com a verdade". A maioria dos líderes entrevistados afirmou que não distorcem a verdade, mas apresentam informações de tal forma que se torna difícil para outros apresentarem um argumento alternativo. Dessa maneira, os stakeholders são conduzidos a uma conclusão específica. Ser "inteligente com a informação" era uma frase muito repetida entre os meus entrevistados.
- **Legitimidade do networking** — Muitos altos executivos utilizam sua rede de influência para legitimar sua visão. A opinião de "outros relevantes" altamente respeitados é poderosa. Aproveitar o suporte do *networking* requer investir em energia e tempo. No entanto, vale a pena quando esse apoio é necessário.
- **Seja implacável/ respeitoso** — Apesar de todos os esforços, certas negociações não prosseguem bem. Um confronto inadiável aproxima-se. Uma ou mais partes podem ter de abandonar a organização. Fazer essa quebra requer ser impiedoso. No entanto, muitos dos executivos advertiram que ser implacável

e desrespeitoso leva à perda de amigos valiosos. Um executivo de alto desempenho sai de seu caminho para ser totalmente respeitoso com aqueles que tomam uma posição contrária, agradecendo-lhes por sua contribuição, mas enfatizando o dano que ocorreria, tanto para a equipe superior quanto para a organização, se as diferenças de opinião continuassem. Quanto mais respeitoso for o executivo, mais provável será que os outros saiam por sua própria vontade, muitas vezes apoiando publicamente a mesma pessoa a quem se opuseram.

- **Conheça-se** — a política dos altos executivos não é um jogo. O futuro do empreendimento está sendo arriscado. Assim, a política é uma experiência profundamente pessoal. Cada um faz à sua maneira. Manter diálogo em circunstâncias adversas é de suma importância. Já vimos quantos executivos, sem culpa própria, são acusados de serem inconsistentes e inautênticos. Muitos reconhecem a inconstância e atribuem-na à natureza volátil das circunstâncias mutáveis. No entanto, poucos se sentem inautênticos. Para minimizar tais acusações, é importante conhecer a si mesmo e reconhecer o impacto de cada um sobre os outros.

COMPREENDER A POLÍTICA

Política é sobre fazer o impossível ser possível. É lidar com complexidades e diversidades desalinhadas em que poucos estão dispostos a mudar de posição. A política é uma negociação que reúne o lado positivo e negativo da vida organizacional.

Apesar da conotação negativa que a política tem, sua história intelectual é riquíssima. Além do famoso *Príncipe*, de Maquiavel, o pensamento moderno da política organizacional remonta à forma como as comunidades americanas, nos anos 1950, resolveram suas diferenças. Tornou-se claro aos sociólogos que o aprendizado vem de como a observação da política baseada na comunidade local poderia ser aplicada às organizações. As décadas de 1960 e 1970 geraram uma rica literatura sobre como lidar com a política de gestão. Tornou-se evidente que o trabalho dos gerentes é altamente político. O politicamente correto tomou conta nos anos 1980. O surgimento de tensões não se enquadrava bem na filosofia corporativa em que "para obter vantagem competitiva, acerte a estratégia e depois a estrutura segue a estratégia". Tornou-se difícil examinar abertamente as tensões indesejáveis prevalecentes em qualquer organização e suas repercussões. Todos sabiam o que se passava, mas ninguém dizia nada.

Um diretor geral, que quis permanecer anônimo, contou-me a sua história. O seu banco tinha adquirido uma série de empresas de alto nível, mas nunca as tinha realmente integrado numa unidade. Sistemas separados de RH, finanças e TI atormentavam os pagamentos, o acesso à informação e a capacidade de dispor de uma rica reserva de talentos. O pagamento das despesas era um pesadelo. "Ninguém queria que as coisas mudassem, mas a desculpa era a identidade da marca. Se todos nós nos fundíssemos, poderíamos facilmente perder a lealdade de clientes de longa data, ou, pelo menos, essa era a história contada", disse ele.

A política para o território, promoção, fechar um acordo, cumprir o acordo, e ficar o mais longe possível do centro corporativo dominou a atenção e o tempo dos diretores.

Passado algum tempo, mesmo a gerência superior não se deu ao trabalho de fingir. O gerente me contou que uma vez foi a uma conferência de alto nível da empresa. Na primeira noite, os dois principais palestrantes foram dois VPs seniores do centro corporativo. Ambos falaram brilhantemente sobre a organização e o nível de cooperação no topo para integrar sistemas e gerar uma marca corporativa significativa. Um dos VPs pediu desculpas por não ficar para o jantar, pois tinha outro compromisso naquela noite. Ele mal tinha partido quando aquele que ficou desabafou. "Agora deixe-me dizer a verdade para vocês", disse ele. "Deixe-me dizer como é ser bloqueado e não poder fazer o seu trabalho por causa das políticas por aqui." O público ficou consternado. Tudo o que lhes tinham dito era um mito. Na realidade, eles sabiam disso, mas ouvi-lo desmotivou-os ainda mais.

Às vezes, ser proficiente em política não funciona. A cultura simplesmente não quer mudar. A frustração com a política da empresa pode levar a uma deterioração da disciplina e da relação entre os membros da equipe de gestão de topo, como se verificou no caso referido anteriormente. Isso faz com que as mensagens confusas se misturem. A fórmula do sucesso de Engajamento x Alinhamento torna-se mal equilibrada. Sem saber o que fazer com as interações negativas que agora se tornam parte da cultura, muitos CEOs e diretores de topo dão atenção indevida a estruturas, processos e procedimentos. Essa é a sua forma de lidar com tensões e comportamentos contraprodutivos. De todos os estudos que realizei, a evidência do excesso de recursos é que em tais organizações, não importa quanto dinheiro seja gasto em alinhamento, o engajamento ainda é zero e, portanto, o resultado final é zero. A única maneira de abordar as preocupações de engajamento é enfrentá-las e trabalhar com elas. Como me disse um excelente CEO global: "A vida é 10% estratégia e 90% compromisso."

Claro que nem todas as interações e negociações são políticas. Muitas são simples, em que as regras "normais" de comprometimento se mantêm. A verdade é que, para o alto executivo, a normalidade e a previsibilidade são raras. O desafio é transformar o anormal em sucesso extraordinário. Alinhar interesses polares opostos não é uma forma de maquiavelismo. É uma habilidade básica da alta hierarquia. Trabalhar com incompatibilidades e comportamento irracional requer altos níveis de valor moral, sensibilidade de estilo e um intelecto profundamente poderoso.

UNIÃO DE SISTEMAS E PESSOAS

Integrar alinhamento e engajamento não é tarefa simples. Já descrevi como os dois diferem um do outro. Mas, se a empresa quer funcionar eficazmente e se diferenciar dos concorrentes, estes dois lados da vida organizacional devem estar reunidos.

Para Kevin Lobo, é tudo uma questão de confiança:

> Fizemos duas grandes aquisições desde que me tornei CEO em 2012. Uma

foi entrar no segmento de preços mais baixos na China, e a segunda foi entrar no setor de cirurgia robótica de alta qualidade para reconstrução de juntas. Não teria sido possível fazer esses movimentos se não houvesse alinhamento entre o conselho e a equipe de direção na estratégia.

Sempre há riscos associados às negociações, por isso, garantir que nossa equipe de direção estivesse muito alinhada e que o conselho estivesse engajado era essencial para a realização desses negócios. Confiança e alinhamento com a direção estratégica, juntos, equivalem ao engajamento. Portanto, parte é confiança, e também estar claro sobre qual é a estratégia, além do fato de termos conseguido esse envolvimento, e a facilitação na realização desses movimentos, o que de outra forma não teria acontecido. Ficaríamos paralisados, teríamos discutido para sempre, e provavelmente não teríamos feito nenhum movimento.

Para Paul Achleitner, da Deutsche Bank, é a criação da estrutura que traz o engajamento desejado:

> Precisa ser coordenado. As duas questões precisam ser carne e unha, e o importante é que elas estão sendo medidas pelo conselho como um resultado conjunto. Assim, as gratificações individuais e estruturas de bônus são medidas como uma coisa só. Então, nós deliberadamente não dissemos que esta é a sua parte do negócio e aquela é a parte dele, porque eu não acho que isso seria muito bom. É muito importante que haja uma responsabilidade conjunta, mas uma simples divisão do trabalho, em oposição a uma divisão de responsabilidades.

A mensagem de Kevin Lobo e Paul Achleitner é que a estrutura não precisa seguir a estratégia. A estrutura provoca os comportamentos que fazem com que a estratégia funcione, e isso é a base da confiança.

A DISCIPLINA DO ALINHAMENTO: EM RESUMO

- O alinhamento é o meio para um fim; é o meio pelo qual os

recursos são posicionados para gerar valor.

- Como os mercados e as circunstâncias são dinâmicos, é necessário pensar consideravelmente na estrutura e na forma da organização.
- Erre nas considerações de alinhamento e os recursos serão mal utilizados, e os objetivos estratégicos não serão realizados.
- Enfrentar os desafios do desalinhamento requer o engajamento com líderes que foram desengajados por algum tempo.
- Resolver os problemas de desalinhamento puramente por meio da reorganização e da reestruturação tem um longo histórico de fracasso.
- Emergir as preocupações de engajamento é o primeiro passo para abordar os desafios do alinhamento.

PERGUNTAS-CHAVE

- Como os mercados são dinâmicos, que nível de análise tem sido dado para examinar como as estruturas da organização posicionam os recursos para responder eficazmente aos desafios externos e às necessidades internas?
- Você concorda que as estruturas são um meio para um fim, o meio pelo qual os recursos são posicionados para realizar valor?
- Se você concorda, então como faz da sua organização uma entidade dinâmica, capaz de se adaptar às condições de mudança e utilizar configurações estruturais diferentes conforme a demanda de condições externas?
- Sendo honesto, você diria que as estruturas se tornaram um fim em si mesmas na sua organização?
- Como você saberia se a sua organização está alinhada ou desalinhada?
- Quais são os sintomas e efeitos de organizações desalinhadas?

6

DISCIPLINA 4

ENGAJAMENTO

Os estudos mostram repetidamente que apenas um pequeno número da força de trabalho das empresas é plenamente envolvido no seu trabalho. A maioria não é.

Em minha pesquisa, onde o engajamento era maior, as organizações lucravam com ganhos operacionais e oportunidades familiares — altos níveis de motivação, comprometimento com a estratégia, fortes valores dos stakeholders, sustentabilidade, posicionamento claro do produto/serviço no mercado, melhor busca por altos cargos, transições mais suaves para cargos seniores, maior lealdade e eficácia na cadeia de suprimentos e muito mais.

Isso é óbvio. Mas o *insight* realmente interessante foi que as organizações em que o engajamento com funcionários e stakeholders era maior não eram aquelas lideradas por líderes carismáticos e visionários. Os líderes que alcançaram níveis superiores de engajamento eram muitas vezes silenciosos e despretensiosos.

Em seu livro *Good to Great*, Jim Collins faz a mesma observação, descrevendo líderes que combinam humildade excepcional com a vontade de alcançar o mais alto nível de liderança, que ele chama de Nível 5.

A humildade é importante porque, sem esse atributo, a escuta é impossível. E ouvir é um pré-requisito vital para um compromisso de qualquer tipo. A vontade de ouvir permite que os líderes estejam abertos a alternativas, especialmente quando já estão conduzindo uma estratégia e há um perigo inerente de acabarem as opções.

Aqui, a visão de Cícero de liderança excepcional construída sobre o aprendizado *in vivo* — aprendendo conforme avança — fornece um ponto de referência histórico interessante. Cícero — soldado, político, defensor e filósofo — viveu durante o turbulento declínio da República Romana. Ele estava profundamente preocupado com a política de seu tempo, pois percebeu prontamente o fim do Império Romano. Além da sua contribuição para o Estoicismo e outras escolas de filosofia, sua visão sobre liderança é muito interessante. Cícero observou pouca aprendizagem entre os seus líderes compatriotas. Sua grande contribuição foi mostrar que uma mentalidade aberta é aquela que pode viver em um contexto turbulento e, ao mesmo tempo, estar acima desse contexto, para que o indivíduo possa refletir sobre o que está fazendo *no momento da realização*. Ele combinou emoção e racionalismo e argumentou que a disciplina sobre ambos era o principal atributo dos líderes.

Havia ecos das observações de Cícero entre os líderes que eu interrogava. Estes também são tempos turbulentos. Os líderes que alcançaram os mais altos níveis de engajamento dos empregados e stakeholders enfatizaram a necessidade de tomar decisões com base nos fatos. Eles também demonstraram uma curiosidade e um apetite pela verificação da realidade que beirava a obsessão. Aprendiam conforme realizavam.

Esses líderes viram a *coleta de evidências* dos stakeholders para a tomada de decisões como uma parte vital de seu trabalho e um meio de alcançar as decisões certas e construir a estratégia correta. Viram esse fato como importante por duas razões: primeiro, para obter informações precisas sobre o mundo real; e segundo, para torná-lo um processo transparente de construção de compromisso e confiança. A combinação de pontos de vista alternativos também foi vista como essencial para a criação de valor.

Isso contraria a crença comum de que o engajamento deriva de uma liderança carismática e visionária. Quanto mais eu examinava o sucesso organizacional, mais via hipóteses comuns e estereótipos se desfazerem.

ENGAJAMENTO DIRETO

No coração da fórmula do sucesso está o engajamento. De fato, ele se encontra no coração de qualquer atividade organizacional ou de liderança. Kevin Lobo, da Stryker Corporation, afirma:

> Acho que o engajamento e a confiança entre a equipe executiva e o conselho são fundamentais para o sucesso. Isso é extremamente importante.

Um CEO experiente recordou uma conversa difícil com sua equipe de liderança para cobrir uma quebra nas vendas:

> Na sexta-feira à tarde nós convocamos, digamos, cinquenta ou sessenta líderes, e eu tinha dois slides na apresentação. Eu disse, "Pessoal, o que tenho para dizer não é divertido. Vocês têm que pensar nisso durante o fim de semana, tenham certeza de que todos estão sendo respeitados". Eu tinha um slide que mostrava por que tinha que fazer aquilo. E o segundo dizia o que eles tinham que fazer. Na segunda-feira, não disse nada, e sim, eles fizeram o que apontamos. Eles fizeram a comunicação.

Doug Elix relatou sua primeira experiência na diretoria geral e a percepção de que envolver as pessoas era — e é — a essência de qualquer cargo de gerência geral:

> Tive que perceber que não podia fazer tudo sozinho. Se a equipe de gestão não estivesse fazendo o seu trabalho, eu não poderia alcançar pessoalmente as pessoas necessárias para realizá-lo. Assim, a lição "você deve ser capaz de fazer o que precisa através de uma equipe de gerenciamento talentosa e altamente motivada que carrega mensagens

durante todo o percurso do negócio" foi aprendida rapidamente.

Atingir as pessoas em uma organização de milhares, de centenas de milhares de funcionários ou mais, é complexo. As grandes organizações assemelham-se a um organismo com ideia própria de como funcionar e pulsar, algo muito complexo de gerir. Você pode acreditar que tem o comando, mas não é assim que as coisas funcionam.

Então, a pura complexidade e a natureza multidimensional de uma organização muito grande são o desafio mais complexo que encontrei. Gerir por lógica e persuasão em vez de autoridade e poder hierárquico foi a coisa que achei mais desafiante, mas muito gratificante quando se consegue resultados.

Quando conversei com Charlie Mayfield, presidente da John Lewis Partnership, ele partilhou a experiência de seu discurso de estreia:

Lembro-me que, quando assumi pela primeira vez a presidência, fiz um discurso no Conselho de Parceria — o meu primeiro discurso — e falei do fato de desejar que a parceria fosse empreendedora. Eu expliquei que queria que os sócios sentissem que tinham a oportunidade de ser empreendedores na forma como realizavam seus trabalhos, porque os sócios mais satisfeitos e felizes que conheci eram aqueles que sentiam que eram capazes de fazer a diferença, que eram reconhecidos por isso e, portanto, se sentiam encorajados a continuar a dar essa contribuição.

O engajamento é um feliz subproduto de uma boa liderança e de uma estratégia baseada na entrega de valor e em evidências. Mas, mesmo com tudo em seu lugar, é preciso garantir que as pessoas sejam tratadas de forma justa e clara, e sejam recompensadas por seus esforços.

Mas, mesmo com as palavras bem-intencionadas dos líderes, os funcionários fazem suas próprias interpretações. É esse o objetivo! Compromisso significa que as pessoas voluntariamente fazem aquele esforço extra quando não há benefícios financeiros ou contratuais para elas. O engajamento requer que os líderes façam com que os funcionários sintam que há algo na organização que os faz querer contribuir com seus melhores esforços. E é por isso que é tão difícil de alcançar. As pessoas têm de sentir que vale a pena. Longe de ser confortável e quentinho, o processo de engajamento real é surpreendentemente frio e calculado — e baseia-se na evidência de que a liderança e a estratégia estão criando valor real alinhado com a missão. O oposto é igualmente verdadeiro. As provas foram recolhidas para que a melhora da organização, por meio dos seus bloqueios, possa ser abordada e ela possa progredir?

VALOR DO OCEANO AZUL

O pensamento atual da gerência apoia a importância de envolver os trabalhadores em decisões difíceis. Em seu best-seller *Blue Ocean Strategy* [A estratégia do oceano azul], os professores W Chan Kim e Renèe Mauborgne fizeram a seguinte pergunta: "Por que algumas empresas conseguem alcançar um crescimento elevado e sustentado nas receitas e nos lucros?"

A resposta, afirmaram, dizia respeito à abordagem estratégica. Em vez de se concentrarem em ficar à frente da concorrência, as empresas bem-sucedidas começaram a tornar a concorrência irrelevante, adotando uma lógica estratégica, que os autores denominaram *inovação de valor* (voltamos à palavra *valor*).

A principal lição a se retirar do *Blue Ocean Strategy* é que o valor não é definitivo, mas está constantemente sendo redefinido e reinventado pelas empresas mais conscientes. Em vez de simplesmente aceitar as suposições dos outros ou até mesmo suas próprias visões sobre o que constitui valor, os inovadores de valor estão constantemente se esforçando para criar mais valor. Eles veem o mundo não por meio de um telescópio de valor, mas por meio de um caleidoscópio de valor, em que padrões em constante mudança oferecem novas oportunidades para criar valor num mundo em constante transformação.

Em seu artigo de 2014 "Blue Ocean Leadership", Kim e Mauborgne apresentam suas ideias sobre liderança. De acordo com uma pesquisa da Gallup, 70% dos trabalhadores estão desconectados dos seus empregos. Se as empresas pudessem convertê-los em funcionários engajados, poderiam alcançar um enorme aumento no desempenho e na produtividade. Mas a maioria dos gerentes e líderes não tem uma compreensão clara das mudanças que trariam à tona o melhor de todos. Para abordar isso, Kim e Mauborgne defendem que os gerentes perguntem sistematicamente aos seus clientes (os funcionários) quais ações e atividades de liderança irão inspirar os colaboradores a darem tudo de si. Dessa forma, a ideia é que os líderes possam se concentrar nas tarefas que farão a diferença.

Em seu trabalho anterior, Kim e Mauborgne argumentam que a confiança desempenha um papel vital na motivação dos funcionários em tempos difíceis. Os autores defendem o conceito de "processo justo".

"Um processo justo é baseado na simples necessidade humana de reconhecimento intelectual e emocional", diz Kim. "Há uma diferença entre processo justo e resultado justo. Se houver um processo justo baseado no envolvimento, na explicação e na clareza, então metas dolorosas e difíceis podem ser alcançadas."[1]

De acordo com Kim, muitas empresas perderam terreno significativo na moral dos funcionários e no atendimento ao cliente ao anunciar a redução de custos sem envolver seus colaboradores no processo. Esta é uma violação do processo justo, e mina a confiança e a moral. Em tempos difíceis, as empresas precisam do engajamento ativo de seus funcionários. "Há uma necessidade de cooperação voluntária; a disposição de ir além do chamado do dever tem de vir do coração. A cooperação voluntária tem a ver com o processo. O processo justo é uma ferramenta motivacional extremamente importante", diz. "A transformação requer que as empresas conquistem o compromisso intelectual e emocional dos seus empregados. Para tal, é necessário um certo grau de equidade na tomada e execução das decisões. Os planos de uma empresa não darão em nada se não forem apoiados pelos funcionários. O processo justo é baseado na simples necessidade humana de reconhecimento intelectual e emocional. Sem um processo justo, pode ser difícil para as empresas alcançarem algo que seus funcionários geralmente apoiam".

Há algumas perguntas muito básicas que os gerentes seniores precisam fazer a si mesmos para abraçar um processo justo. Primeiro, diz Kim, eles precisam se questionar se envolvem as pessoas em decisões que as afetam. Esse processo é sobre engajamento. Será que eles pedem por ideias e permitem que as pessoas contestem o mérito das ideias umas das outras? Explicam por que razão são tomadas decisões e por que algumas opiniões foram ignoradas? E, depois que uma decisão é tomada, as regras são claramente definidas, para que as pessoas entendam os novos padrões, as metas, as responsabilidades e as penalidades?

TUDO É JUSTO

Uma pesquisa recente realizada com colegas da Heidrick & Struggles fornece algum apoio para a perspectiva de Kim sobre processo justo e engajamento (figura 6.1). As relações entre o presidente e o CEO, entre o conselho e a diretoria, dentro do conselho e dentro da equipe de gestão, geralmente emergem como de alta qualidade. No entanto, as relações entre a equipe de gestão e a direção geral e as relações entre a direção de topo e a organização como um todo são identificadas de forma menos positiva.

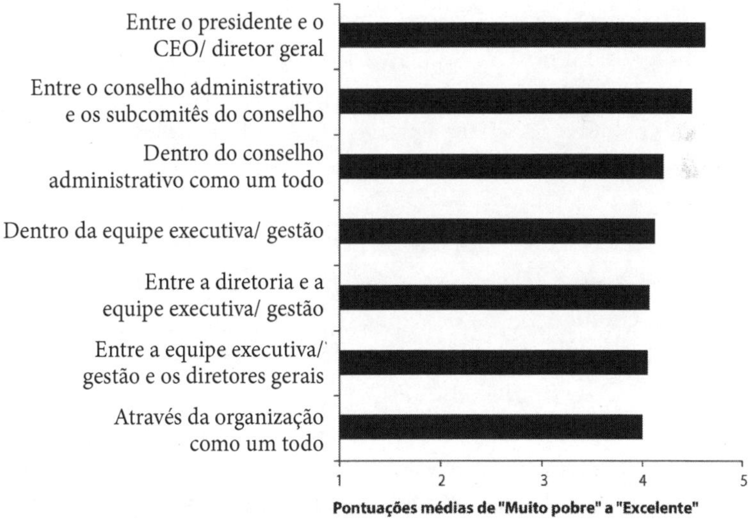

Figura 6.1 Qualidade das relações.

A evidência é clara; o processo justo como um mecanismo para realizar o engajamento precisa ser perseguido de forma consistente por meio da organização, e os diretores gerais precisam estar no centro de tais iniciativas.

REGRAS DE DESENGAJAMENTO

Desengajamento significa pessoas desmotivadas. O desinteresse equivale a uma falta de vontade de ir trabalhar. O desengajamento pode induzir (e às vezes o faz) comportamentos subversivos e prejudiciais, não só por parte dos empregados, mas também dos gestores. É provável que o desengajamento leve à passividade: "Apenas me diga o que fazer e é tudo o que vou fazer."

Victor Lipman, escrevendo para revista Forbes, destaca uma estatística interessante. Apenas 29% dos funcionários estão totalmente engajados e 26% estão desvinculados. Isso significa que três quartos dos empregados de uma organização não estão fazendo o seu melhor. Lipman conclui que a desvinculação resulta de más relações com o "supervisor imediato".[2]

Infelizmente, a minha própria pesquisa coincide. Ter que lidar com um chefe difícil, obstrutivo, agressivo e até mesmo minador tem um grande impacto sobre as emoções, a mentalidade e o desejo de contribuir de qualquer um. Essa negatividade contínua induz ao estresse e a uma condição cada vez mais comumente vista: o esgotamento. Minha investigação inicial sobre o esgotamento chegou a uma conclusão surpreendente: 93% dos gerentes são suscetíveis de desgaste 2,3 vezes em sua carreira. Algumas consequências nefastas — perda de emprego, perda do cônjuge, perda da capacidade de manter relacionamento e, no mais infeliz dos casos, uma vida de doença contínua.

No entanto, a minha pesquisa teve outra descoberta surpreendente. Não é apenas o patrão que cria o desengajamento, mas, como observa Doug Elix, a pura complexidade das grandes organizações também. No capítulo cinco me referi à tensão na equipe de topo. Ao aprofundar as minhas estatísticas globais, revelou-se a natureza da preocupação.

A VISÃO — EQUIPE DE TOPO

Quantos membros da equipe superior relatam divergências fundamentais dentro de sua equipe em relação ao futuro?

33%	China
20%	Suécia
23%	Japão
25%	Finlândia
30%	Reino Unido
31%	Áustria
32%	Alemanha
39%	França
39%	Estados Unidos
40%	Espanha
42%	Hong Kong
48%	Irlanda

Em 20 a 50% das melhores equipes corporativas do mundo, o conflito e a tensão são um padrão. A razão mais comum para a falta de coesão do corpo é o fato de existir desacordo quanto à natureza da estratégia a ser seguida. A razão mais comum para a tensão estratégica é a preocupação com a forma como ela é implementada.

Um gerente nacional alemão de uma grande multinacional concorda comigo: "Não é a estratégia de marketing global que é o problema, mas o fato de ninguém em Chicago ouvir o que tenho a dizer sobre os hábitos de compra da dona de casa alemã. Só porque funciona lá não significa que funcione aqui. Toda vez que eu levanto a questão de adaptar a estratégia, todo mundo acha que estou desafiando o centro corporativo".

DIÁLOGO — EQUIPE DE TOPO

Quantos diretores acreditam que há problemas que devem ser discutidos, mas que são muito sensíveis para serem debatidos na equipe de topo e, portanto, não são?

36%	França
47%	Reino Unido
49%	Finlândia
50%	Suécia
58%	Hong Kong
61%	Alemanha
62%	Estados Unidos
67%	Áustria
68%	Irlanda
77%	Japão
80%	China

Ter uma visão diferente sobre a natureza da estratégia e sua implementação é uma coisa, mas levantar questões sensíveis é outra e, na verdade, é um tema muito mais importante. De 36% das equipes de topo na França a 80% dos gestores seniores na China, levantar questões desconfortáveis traz uma profunda preocupação.

Um vice-presidente sênior falou sobre a sua experiência:

> É realmente difícil levantar certas questões. Muitos dos meus colegas falam sobre assumir um risco em seu trabalho e o efeito da limitação de carreira ao desafiar o CEO. E é isso mesmo, mas o que eu acho mais difícil é sim-

plesmente discutir tópicos desconfortáveis; isso deixa todo mundo nervoso e relutante em participar da conversa. A sala fica cheia de negatividade prejudicial, o que torna difícil, por vezes, encontrar as palavras certas a serem ditas. Sim, são as consequências de trazer as verdades indesejadas, mas simplesmente falar sobre essa verdade é mais problemático.

Entenda a última frase. Falar sobre a verdade é problemático! Como pode ser?

Então, o que os conselhos estão fazendo? A criação de procedimentos para a avaliação de riscos e o cumprimento das normas de conformidade não aborda a realidade de uma gestão de riscos que tem um impacto negativo na estratégia e na execução. Meu estudo sobre os diretores do conselho britânico destaca o fato de que muitos comparecem às reuniões para examinar os números e as propostas, não para se aprofundar no coração da organização e expor o impacto no mercado de um gerenciamento despersonalizado.

Encontrei vários parâmetros objetivos e subjetivos do desempenho do conselho. Todos os membros se classificaram de acordo com esses parâmetros. Em seguida, pedi aos gestores que tinham uma relação de trabalho com os seus conselhos administrativos que classificassem os seus colegas de conselho exatamente de acordo com esses parâmetros. Os resultados mostram que, qualquer que seja o impacto que os membros do conselho pensem que causam, a gerência os reduz em 40%. O nível de respeito pelo conselho é limitado.

É surpreendente para alguns o fato de os conselhos dos EUA serem os piores. Há conselhos em que o dirigente, CEO ou presidente raramente é desafiado. Da mesma forma, o nível de percepção dos diretores externos dos EUA sobre a realidade de como a organização, de cujo conselho eles fazem parte, realmente opera, mostra-se ainda mais baixo do que o dos diretores do Reino Unido.

A cultura de mau relacionamento com o chefe começa no topo. Quanto maior for o nível de desengajamento, mais os membros individuais do conselho administrativo e os gestores saberão o que está errado, o que fazer para corrigir e se as coisas em algum momento ficarão bem.

O paradoxo final é que quanto maior for o bloqueio, maior será o discernimento para avançar; maior será a paralisia.

CONSTRUINDO A CAPACIDADE DE ESCUTA

A mensagem da minha pesquisa é que os diretores e membros do conselho não querem ouvir, não podem ouvir, ou ambos, com consequências prejudiciais. Escutar não é apenas uma questão de ouvir. A audição é a capacidade de digerir informações que não são bem-vindas, são indesejadas ou difíceis de explicar. A capacidade do indivíduo de ouvir depende muito da sua capacidade de absorção de estímulos emocionalmente desafiadores. Pode levar seis meses de trabalho duro e coaching intensivo para que uma equipe de topo escute.

Diz um presidente:

> Eu tento ler as pessoas e compreender qual é a sua agenda e o seu objetivo, realmente tento. Eu tento fazer meu dever de casa sobre o que eles estão tentando alcançar e como eu posso acolher o que estão tentando fazer. Acho que me tornei muito melhor em ler as pessoas, muito melhor em me envolver com elas e ouvir o que querem.

Muito melhor do que o presidente ou CEO investigar sensivelmente a natureza das questões e sua incapacidade de ouvir mensagens indesejadas. Conhecer a variedade de agendas disfarçadas e a capacidade que cada membro da equipe de topo tem de enfrentar verdades indesejadas estabelece a base para o engajamento.

FUNDAMENTOS DO ENGAJAMENTO

“O valor é criado por meio de pessoas, não de tecnologia; valor para os clientes, para os funcionários e a criação de tais valores foi o que estabeleceu a base para o sucesso da minha empresa", disse o presidente de uma empresa internacional de TI.

O esforço deve ser construído no diálogo e na confiança. É função do líder criar uma cultura de diálogo construtivo; interrogar o interlocutor; fornecer a devida diligência intelectual; empurrar e questionar em busca da melhor solução.

Além de garantir o sucesso da proposta, reduzir o risco e proteger a reputação da organização, um benefício adicional e poderoso que resulta da interrogação do argumento é o compromisso. Uma gestão sólida, apresentando um caso bem preparado, analisado de forma sistemática e lógica, não só fortalece o caso, mas também provoca um maior comprometimento dos envolvidos. Trabalhar em conjunto para melhorar as propostas permite a todos os envolvidos se identificar com os resultados, bem como o reconhecimento dos pontos fortes e da contribuição uns dos outros. A lógica bem posicionada e a crítica construtiva fortalecem as relações, em vez de prejudicá-las.

Encorajar a crítica requer resiliência e solidez. A resiliência é necessária para responder positivamente aos comentários, mesmo que críticos, e reconhecer que a contribuição vale a pena. Essa resiliência é essencial para se ganhar com os debates. Isso requer a construção e manutenção de relações sólidas.

A confiança é essencial para gerar transparência e compreensão aberta. Interrogar o argumento sem resiliência e robustez transforma contribuições positivas em pesadelo defensivo. Certamente um fato é claro: o exame de qualquer proposta requer o desafio das asserções e uma crítica da lógica e consistência do argumento apresentado. No calor da discussão, afastar-se e reconhecer os benefícios a serem obtidos com o alongamento da análise requer não apenas uma mente afiada e lógica, mas também uma qualidade pessoal de não se ofender e assumir, instintivamente, que uma censura é uma indireta para a crítica pessoal. Muito depende da qualidade do diálogo.

DIÁLOGO VERSUS DEBATE

Embora os termos diálogo e debate sejam utilizados indistintamente, a diferença entre eles é, na verdade, considerável.

O diálogo remonta à Grécia antiga, em particular a Sócrates. Sócrates — filósofo, orador, professor e um dos mais formidáveis intelectuais de seu tempo — não escreveu nada. Platão escreveu Sócrates. O que temos é Sócrates em segunda mão. Por meio de Platão, a filosofia socrática influenciou gerações, particularmente, na forma de oratória.[3] Sócrates era exímio no diálogo, não no debate, com o objetivo de alcançar um inquérito diligente. Sua contribuição única para a arte da retórica é o raciocínio, a construção de um argumento e a refutação do argumento sendo uma experiência colaborativa, e não contraditória. No diálogo socrático, ninguém ganha, mas todos estão comprometidos. A busca é pelo melhor argumento. O melhor é determinado de acordo com as circunstâncias e o contexto.

Qual é o caso mais favorável? Quais são as melhores objeções? A essência da filosofia socrática é que o aprendizado tem que abranger totalmente o indivíduo e o grupo.

O termo diálogo vem de duas raízes gregas, *dia* significando fluir por meio de, e *logo* significando a clarificação de suposições e modos mentais, de acordo com a interpretação comumente feita hoje em dia de *logos* sendo a palavra, a palavra de Deus, ou a declaração final. Por meio do diálogo, o defensor de uma iniciativa encoraja a desinibição, solicitando aos colegas que adotem posições contrárias a fim de explorar quais dos argumentos apresentados poderiam sobreviver. "Olhem para o mundo de outro ponto de vista; vejam se faz sentido!", eles desafiam. Durante o diálogo, todos os participantes atuam como campeões do interrogatório 360°, para terem confiança nos componentes do argumento que sobrevivem ao discurso. Ninguém perde, todos ganham. A ênfase está na conversa incessante, que pode envolver negociação, compromisso, exploração mútua e investigação, com o ciclo se repetindo muitas vezes.

Parece bastante simples, mas não de acordo com Sócrates. Para Sócrates, o diálogo é um estado da mente, não uma modalidade da conversação. Tal estado de espírito não é facilmente compreendido. O debate é mais comum, uma inovação particularmente inglesa capturada na própria estrutura da Câmara dos Comuns, a câmara baixa das câmaras do Parlamento do Reino Unido. O debate denota bater, quebrando o argumento do outro lado. Ele requer a tomada de partido e o confronto. O lado que ganha, ganha a discussão. Vencer, e não necessariamente levantar as melhores hipóteses, distingue o debate do diálogo. Ganhar pode ser baseado na força do argumento. Ganhar também pode ser inteiramente dependente de minar o caso do outro lado ou, pior ainda, desacreditar o outro lado em vez de prestar atenção à melhoria do próprio caso. Debate também pode significar bullying. A voz mais alta ganha independentemente da lógica prevalecente.

Robert Swannell, presidente da Marks and Spencer, capta a natureza do diálogo em ação:

> A primeira coisa que disse ao me tornar presidente da M&S foi que queria que aquele fosse um conselho aberto, em que as pessoas pudessem falar de fracasso tão facilmente quanto de sucesso. Isso começa a partir do topo, com o relacionamento fundamental com o CEO. Incentivamos nossos não executivos a se pronunciarem e a entrarem nas lojas e ver o que está acontecendo. Temos sorte com um negócio como o da M&S, que é suficientemente tangível e interessante para que não seja preciso se esforçar muito para que as pessoas compartilhem, falem e ofereçam suas opiniões.

O que Sócrates enfatizou, Robert Swannell promove: ter o diálogo como um modo de vida costurado no tecido da empresa. Compreender a diferença entre debate e diálogo é vital para que os argumentos apresentados sejam verdadeiramente interrogados, compreendidos e aplicados.

Que tipo de indivíduo/ equipe é você? Um que entra em debate ou um que encoraja o diálogo? As seguintes perguntas podem ajudar:

- Você se prepara para as reuniões para ganhar com seu ponto de vista ou para discutir as questões expostas?

- Quando o argumento não segue o caminho que deseja, você se sente malvisto ou sai enriquecido porque aprendeu a lidar melhor com a questão para a próxima vez?
- Você força o seu ponto de vista ou tenta entender a mentalidade dos outros e por que eles pensam daquela forma?
- Você leva propostas claras ou faz perguntas mais incisivas?
- Como os outros realmente o veem: como um defensor temível ou como alguém aberto a pontos de vista alternativos?

Caso tenha se identificado mais com as primeiras opções, você é guiado pelo debate. As outras opções demonstram uma preocupação maior com o diálogo.

Agora, peça aos seus colegas e aos diretores gerais que te dão feedbacks genuínos para responderem as mesmas perguntas sobre você. Veja se os resultados serão parecidos. Se não, está na hora de repensar a sua abordagem de engajamento.

FINALMENTE ENGAJADO

O essencial sobre o engajamento é que ele é fácil de ser medido. É possível dizer, ao entrar pela porta do escritório de uma empresa, se as pessoas estão engajadas ou não. Dá para perceber ao redor de uma mesa de reuniões. Em volta da máquina de café.

David Cunningham, presidente da FedEx Ásia-Pacífico, equipara o engajamento de alta qualidade a uma diversidade de pensamento e abordagem para que a estratégia funcione. A última pesquisa que a Heidrick & Struggles e eu conduzimos sustenta a perspectiva de Cunningham (figura 6.2). Envolvimento, estratégia e diversidade de pensamento e abordagem apareceram como as três qualidades de desempenho organizacional mais críticas.

Segundo David Cunningham:

Não posso lhe precisar a quantidade de vezes que os membros do conselho estão engajados. Um membro do conselho e eu vamos tomar um café. Falamos sobre certo assunto ou ele me pergunta o que está acontecendo no mercado. Quais são os desafios? Sempre que eles estão em uma região ou cidade, interagem com a equipe de gestão. Isso nos motiva e os ajuda a serem reconhecidos.

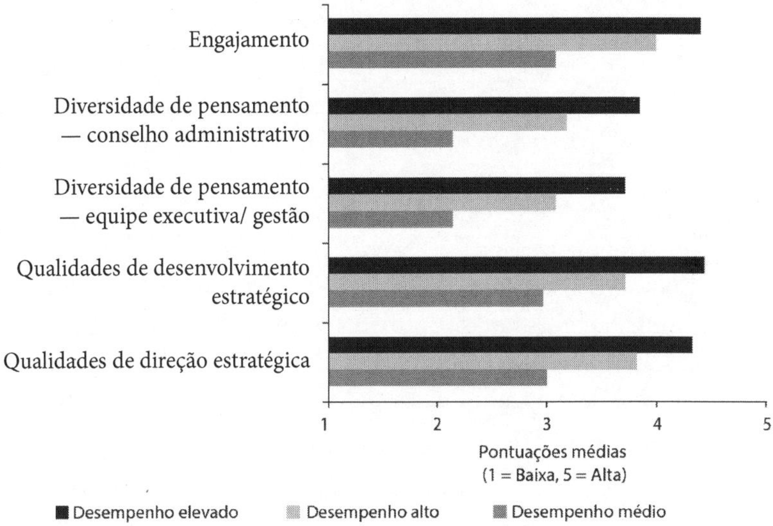

Figura 6.2 Qualidades de desempenho organizacional.

Sam Su, da Yum! Brands na China, falou sobre colaboração. A colaboração, para Sam, parecia ser em parte cooperação, em parte sentir-se confortável para falar, e também em parte sentir-se encorajado a criar algo novo e diferente, mas focado. É assim que um gerente verdadeiramente empenhado parece ser:

A palavra que uso, na verdade, não é colaboração. É integração. Então, não é só cooperar. É fácil apenas cooperar. É muito mais do que isso. Na verdade, é um nível muito mais elevado de competências do que a vontade de cooperar ativamente. Eu acredito que se deve ter certa mentalidade, uma

> atitude correta, mas que deve-se adquirir as habilidades para fazer isso. É necessário ter a mentalidade correta, mas o mais desafiador é o conjunto de habilidades que eu chamo de integração. Então tento ensinar as habilidades de integração. Ter essas habilidades significa que você realmente aprende, escuta, procura. Que é capaz de fazer perguntas, fazer com que as pessoas lhe digam o que pensam, e que você ouve com muita atenção e é capaz de verdadeiramente compreender o que está sendo dito. Então você precisa ser capaz de comunicar o que pensa, e depois é necessário passar pelo momento de tentar criar sinergias e transformar tudo em algo útil. Requer muita maturidade e experiência, mas acho que pode ser aprendido. Por isso, tento ser modelo desses comportamentos.

Minha pesquisa com Heidrick & Struggles capta o benefício de abordar as preocupações de engajamento no estágio inicial (figura 6.3). A mensagem é: ter melhores relações no topo significa ter também melhor capacidade de lidar com risco, reestruturação, planejamento sucessório e atingir metas, bem como aumentar a vantagem competitiva. A pesquisa também mostra que um melhor desempenho dos funcionários melhora o foco no cliente.

Com isso o ENG do (ENG X AL) está em melhor equilíbrio com o AL.

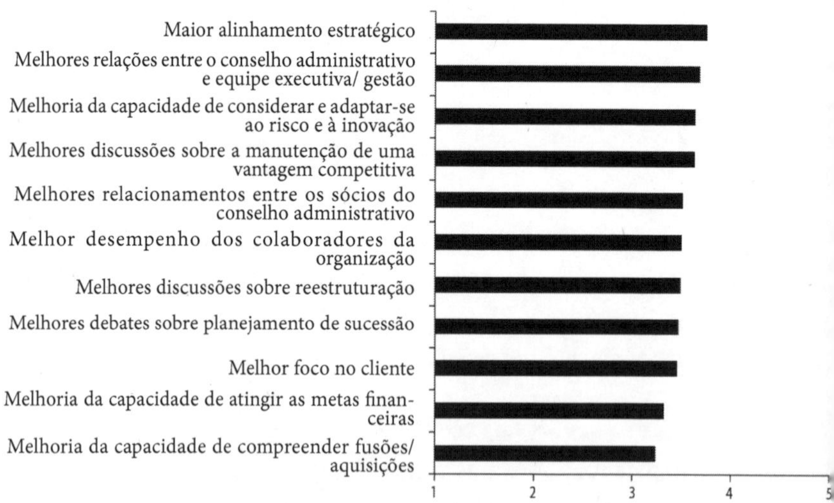

Figura 6.3 Impacto de lidar com discussões difíceis ou sensíveis numa fase inicial.

A DISCIPLINA DO ENGAJAMENTO: EM RESUMO

- Respeite o bloqueio que advém do desengajamento. Trazer questões desconfortáveis e lidar com elas são alguns dos maiores desafios que os líderes enfrentam.
- Abordar as preocupações do engajamento é tão vital quanto reestruturar e corrigir os processos e sistemas.
- Enfrentar os desafios do engajamento é um assunto sensível e, por essa razão, muitos líderes se esquivam dessa responsabilidade.
- Abordar as preocupações de engajamento requer a coleta de provas que podem ser danosas e condenatórias.
- A maioria dos programas de mudança falha porque as questões de engajamento foram ignoradas.
- Na verdade, o desengajamento é normal.
- O diálogo é o caminho para o envolvimento efetivo.

PERGUNTAS-CHAVE

- Você já se sentiu inibido em levantar/ tratar de questões desconfortáveis? Em caso afirmativo, por que e em quais circunstâncias?
- Você acha que os membros da sua equipe e/ ou diretores gerais acham difícil levantar preocupações que são relevantes/ críticas mas também desconfortáveis?
- Em caso afirmativo, quais são as consequências de não abordar essas preocupações?

7

DISCIPLINA 5

LIDERANÇA

Lou Gerstner foi um dos heróis empresariais dos anos 1980 e 1990. Ele foi o antigo consultor de gestão que se tornou CEO da IBM quando a empresa estava em seu ponto mais baixo, e liderou a sua transformação em uma corporação do século XXI. A mitologia popular dos negócios vê Gerstner como um agente de mudança carismático. O ex-vice-presidente da IBM, Doug Elix, recorda-o como mais do que isso:

> As pessoas falam sobre o que Lou Gerstner fez e atribuem-lhe muitas conquistas. Por exemplo, ele era o cara que viu potencial no negócio de serviços, o cara que viu o valor do *software* e reestruturou completamente a empresa. Mas ele era muito mais do que isso. Ele entendeu o estilo de liderança e o calibre dos executivos que deveriam administrar a empresa em um setor de TI de rápida transformação, e sua grande habilidade foi fazer com que a maioria das pessoas se tornassem líderes com mentes curiosas, abertos ao feedback, bons ouvintes e capazes de enfrentar a realidade e agir de acordo com ela.
>
> Passamos de uma cultura de gestão muito fechada e hierárquica para

uma cultura orientada para o mercado e focada no cliente. O mercado tinha que falar, a gerência tinha que ouvir, o cliente tinha que falar, o gerente tinha que ouvir, e ele nomeou pessoas que se identificavam com isso, e de repente houve esse maravilhoso alívio de "uau, nós temos um sistema de gerenciamento aberto aqui".

A contribuição de Lou Gerstner para a IBM não foi apenas sua brilhante visão estratégica, mas também sua insistência para que os gerentes da empresa encarassem a realidade. Em vez de ignorar a evidência, Gerstner forçou-os a confrontá-la e a abraçar um futuro alternativo.

Em um exemplo famoso, Gerstner estava assistindo a uma série de apresentações de diretores seniores da IBM, que tinha se tornado uma forma ritualizada de negação. Uma vez por ano os diretores se reuniam na sede da empresa em Armonk, Nova York, para apresentar uma visão higienizada do negócio. As más notícias eram rotineiramente excluídas dos slides, porque pensava-se que os executivos da sede não tinham estômago para elas. Sentado na sala escura, Gerstner ouviu a primeira apresentação antes de interromper a sessão. Pedindo que as luzes fossem acesas, ele disse aos diretores presentes que as coisas tinham de mudar. Em um apelo apaixonado, ele disse que a IBM estava sonambulando na beira de um penhasco, e que havia muito em jogo para permitir que isso acontecesse. Os postos de trabalho e o meio de subsistência de milhares de empregados da empresa eram muito importantes para serem ignorados. Em poucas horas, a mensagem chegou a todos os escritórios da IBM no mundo. Gerstner estava falando sério. Ele queria a verdade, e a queria agora.

O DESAFIO DA LIDERANÇA

Como os líderes criam valor sustentável? No capítulo três, examinamos as características de um estilo particular de liderança que eu chamo de liderança baseada em evidências. Esses líderes coletam evidências de vários stakeholders para garantir que a organização se beneficie da diversidade de pensamento. Eles também procuram, proativamente, nutrir e desenvolver outros líderes baseados em evidências. Isso é importante porque cria uma cultura baseada em provas que é menos suscetível à arrogância. Confrontar os dados torna-se um instinto, mas é também um hábito que pode ser cultivado ao longo do tempo. Como esse instinto pode ser reforçado?

Os líderes com quem falei mostraram três qualidades fundamentais:

- inteligência, uma habilidade de alto nível para modelar e conceituar;
- profunda consciência moral e
- persuasão para virar argumentos a seu favor.

É a forma como essas qualidades são combinadas que faz a diferença.

QI elevado

Desses três, o QI elevado surge como uma profunda influência no estilo de liderança de um gestor. Explicar a realidade integrando as diferentes demandas, pressões e forças que a organização enfrenta, mas de uma forma que faça sentido para todos, atua como base para o respeito e a confiança. Os líderes podem ou não ser amados, mas a confiança dos outros na sua capacidade de encontrar caminhos por meio de circunstâncias exigentes é fundamental para assegurar lealdade. Compreender a complexidade, às vezes fazendo-a parecer fácil, é um atributo fenomenal da inteligência.

Doug Elix usou a palavra "sofisticação" para descrever as habilidades de liderança necessárias nos níveis mais altos de uma grande organização. Perguntei-lhe sobre a aproximação de uma posição de liderança sênior:

> Eu diria que foi um grande avanço na sofisticação, e não uma capacidade mental. Uma vez que você tenha 100 mil pessoas, sempre haverá várias dimensões para o funcionamento do sistema de gestão. Já não é um sistema hierárquico claro de comando e controle.
>
> É a aceitação de um modelo de pensamento diferente, e uma estrutura

diferente de como as coisas devem funcionar, a aceitação da construção de conexões com as quais não achava que teria que se preocupar, e aprender a fazer funcionar. Eu uso a palavra sofisticação. Sempre pensei nisso dessa forma, mas na verdade é a capacidade de pensar de forma diferente.

Chris Gibson-Smith, originalmente geólogo e agora presidente da London Stock Exchange, enfatiza que o desenvolvimento de QI e a sede de conhecimento precisam começar desde cedo:

> O negócio supriu o meu desejo de viajar. Passei vários invernos no Ártico canadense, um verão na borda da calota de gelo da Groenlândia, um tempo nas selvas do Bornéu.
>
> Acho que a coisa mais interessante que aprendi sobre os negócios foi sua relevância para a sociedade mundial, e como a civilização humana está operando, por que tem a forma que tem, quais são as origens da riqueza, como os seres humanos têm que se comportar para gerar riqueza entre eles mesmos; e, para mim, o elemento mais importante do currículo foi a macro e a microeconomia. A microeconomia realmente explicou as complexidades da eficiência de alto desempenho dentro das empresas de uma forma estruturada que foi maravilhosa para mim. E a macroeconomia me ensinou sobre minha sociedade. Eu era completamente indiferente até aquele ponto, e nunca tinha parado para pensar naquilo.

Amplitude de mente, resiliência, querer saber a verdade e uma curiosidade natural são todos elementos da fórmula do sucesso.

ALTERAÇÕES DE VOO

Minha conversa com Rickard Gustafson, CEO da companhia aérea SAS, foi particularmente interessante, por causa da forma como ele usava o poder da evidência para gerar mudanças necessárias e radicais na organização. É verdade que mudar para gerar valor é parte integrante do trabalho do líder. Mas o que é menos explorado é o fato de que a evidência é um propulsor vital da mudança.

A SAS estava em mau estado quando Gustafson assumiu o controle em fevereiro de 2011. Em 2009, a companhia aérea perdeu mais de 3 bilhões de coroas suecas. Em 2010, perdeu cerca de 3 bilhões, e em 2011, perdeu mais 1,5 bilhões. Gustafson tinha trabalhado na Andersen Consulting e na GE Capital e tinha sido CEO do grupo de seguros Codan, mas era um recém-chegado à indústria da aviação. Os tempos difíceis exigiam decisões difíceis. Foi assim que ele descreveu o ponto de partida do processo de mudança na SAS:

> Quando embarquei nesta viagem, pensei que só havia uma coisa que poderia fazer, que era garantir que, em todas as ocasiões, fôssemos extremamente transparentes, não só para os nossos cidadãos, mas também para os nossos sindicatos, sobre a situação das empresas. E fiz disso a minha marca registrada.

O desafio que Gustafson enfrentou foi considerável. O seu caminho a seguir baseou-se na transparência e na partilha de provas.

> Tenho 37 sindicatos diferentes para negociar. Disse-lhes que gostaria de me encontrar com eles com mais frequência para garantir que tenham as mesmas informações que eu compartilho com o meu conselho administrativo. Todos nós precisamos ter a mesma "versão" da realidade.
>
> Tive grandes reuniões sindicais, em que apresentei a situação do negócio. Após a apresentação, apontava para o representante dos funcionários da diretoria e pedia que confirmasse aos seus colegas que aquela foi exatamente a mesma informação que eu apresentei à diretoria no dia anterior. Não podiam esconder. Reconheciam que aquela tinha sido a mensagem e que era provavelmente a verdade.
>
> Foi essa a razão pela qual conseguimos criar o sentimento de transparência e confiança que esteve na base desta enorme transformação. As pessoas compreendiam que tínhamos chegado ao fim da estrada, por assim dizer. Ou transformamos este negócio nas condições baseadas no

mercado, ou seria o fim do jogo. Era uma ameaça real. Mas levei um ano de comunicação constante para garantir que isso fosse óbvio para todas as partes interessadas.

No entanto, convencer aqueles que estão mais próximos de você pode ser um desafio tão grande quanto lidar com aqueles que se opõem a você.

E o desafio foi também convencer os meus colegas executivos, o meu consultor jurídico e, até certo ponto, o meu conselho administrativo a serem abertos e transparentes. Somos uma empresa de capital aberto, por isso há pouca informação que você pode compartilhar sem entrar em algum tipo de zona cinzenta. Mas eu disse que, se iríamos ganhar, tínhamos que fazer uma aposta. Eles assinaram acordos de confidencialidade e isso funcionou. Não tivemos nenhum vazamento. A razão pela qual o conselho estava preocupado com a estratégia de transparência era que alguns deles estavam no quadro há alguns anos, e o vazamento tinha sido uma questão constante. Basicamente, alguns disseram que no dia seguinte a uma reunião do conselho poderiam ler tudo sobre o que foi discutido nos jornais escandinavos.

Mas isso não aconteceu. Eu acho que os representantes sindicais respeitaram o que fizemos, eles perceberam que agimos de uma maneira decente, e que tratamos as pessoas de forma justa durante todo o processo. É doloroso e eles não gostaram, mas respeitaram.

O respeito é fundamental. Gustafson continua mostrando que o respeito, a integridade e a confiabilidade não estão apenas intimamente relacionados, mas também são críticos para o exercício contínuo da liderança de alta qualidade.

A base sobre a qual assento a minha liderança é a integridade e a confiança. O dia em que puderem dizer que não confiam em mim, que estou lhes dizendo algo que não é 100% exato e verdadeiro, ou que de qualquer outra forma podem questionar minha integridade... nesse dia eu terei falhado como líder. Penso que a gestão na SAS tem uma história de tentativas de ultrapassar os sindicatos, e os sindicatos, no passado, tentaram ultrapassar a gestão. Isso criou uma enorme falta de confiança entre os sindicatos e a administração. Espero que a minha abordagem transparente tenha começado a fechar essa lacuna.

Integridade para mim não é apenas nunca fazer algo que seja antiético ou ilegal. É também se assegurar de que as pessoas sejam tratadas com respeito; nunca mentir ou fabricar dados para forçar uma história. As pessoas devem saber que, se tivermos uma conversa e me disserem "Rickard, eu quero que você mantenha isso entre nós", podem ter certeza de que a informação não será compartilhada.

Gustafson faz um argumento válido para que a ética seja o núcleo do currículo das escolas de negócios.

Consciência moral

Eu ensino ética nos negócios em vários programas de escolas de negócios em todo o mundo. Poderia ensinar ética de uma ou duas maneiras: poderia enfatizar o que é necessário para uma prática ética e o que os líderes nas organizações devem fazer, ou examinar os dilemas éticos enfrentados pelos líderes. Então, perguntei aos meus vários grupos de alunos qual das duas abordagens eles desejavam. A resposta, das várias vezes que perguntei, tem sido excessivamente favorável à análise da natureza e do impacto dos dilemas éticos.

Como um talentoso e maduro estudante de MBA na Alemanha me disse: "Temos sido colocados em programas de ética de forma consistente, mas nada disso é útil. Eu sei o que devo fazer. Não preciso que mais ninguém me diga. O que acho difícil é fazer o que é certo em circunstâncias que são erradas." A consciência moral requer uma visão da própria integridade e uma compreensão de como se comportar em um contexto que estende o valor pessoal do indivíduo. Caminhar pelas agendas contrastantes requer valor moral e também conversas sensíveis. É importante notar que as conversas podem variar muito sem prejudicar o engajamento. Mesmo sobre questões de ética e moral, é fundamental perceber o engajamento.

Defesa persuasiva

Minha pesquisa destaca o fato de que os líderes que exibem uma defesa convincente não são os mais assertivos ou mais glamorosos. São os que parecem sentir o que está acontecendo.

Para John Parker, presidente do conselho anglo-americano, persuasão, defesa e conquista de corações e mentes andam juntos. O poderoso defensor "se aproxima dos outros" e mostra que ele/ ela entende pelo que os outros passam.

O velho ditado "fazer aquilo que se diz" ainda é particularmente importante para líderes excepcionais. Eis o que John Parker observou:

> Eu vi alguns gerentes altamente inteligentes acreditarem que conseguiam enxergar uma situação de longe, em vez de chegar perto, sentir a temperatura, olhar as pessoas nos olhos e ter uma sensação emocional do que está acontecendo. É nesse momento que o cara com forte inteligência emocional quer se engajar no diálogo com aqueles no terreno, enquanto outro pode olhar para um monte de números e dizer, "ah, eu sei o que está errado aqui, é isso que temos que fazer." A realidade é que eles não estarão em posição de capturar os corações e as mentes daqueles dentro de seus negócios, onde as coisas têm que mudar. A menos que você chegue perto, não conseguirá identificar as melhores pessoas, nem os elos mais fracos.
>
> Então, acho que se trata do engajamento e de um exame aproximado da situação, e a capacidade de ser visto nessa aproximação. Um gerente de topo sai e se envolve com as pessoas, come com os peões no refeitório quando vai para o Brasil, ou Chile, ou onde quer que seja — essa presença visível e gestão próxima do líder causa um enorme impacto. E eu acho que os líderes às vezes subestimam o impacto que podem causar ao estarem presentes, e não de maneira periódica, mas fazendo-o regularmente — não me refiro a todos os meses, mas ao estar no Brasil todos os anos, ou no Chile todos os anos, por exemplo, faça a verificação no terreno em relação ao que seus relatórios e suas revisões estão lhe dizendo.

Como John Parker enfatiza, a defesa persuasiva só tem impacto quando se está envolvido no contexto. Estar com as pessoas e fazer parte do ambiente é primordial, mesmo que por pouco tempo. Os dados subjetivos podem ter um forte impacto. Uma vez conquistada a atenção dos stakeholders fundamentais, a persuasão eficaz envolve sete etapas:

- lidar com as críticas;
- posicionar o argumento;
- gerenciar as expectativas;
- reformular o argumento;
- promover uma cultura que não pregue a vergonha;
- evitar agendas e temas pessoais; e
- aumentar e diminuir o zoom.

Lidar com as críticas

Para alguns, confrontar um argumento é desconfortável. Uma crítica é tomada como crítica pessoal, principalmente se forem os "donos" de um projeto. Na verdade, tratada corretamente, a conversa deve ser verdadeira. As críticas não só reforçam o argumento, como também atraem um maior envolvimento. Quanto mais indivíduos se aprofundarem, maior a probabilidade de comprometimento do conselho, especialmente quando as coisas ficam difíceis. Juntamente com a minha mulher, Nada Kakabadse, identificamos no nosso livro, *Leading the Board*, os passos a serem dados para lidar com uma crítica.

Quão coerente é o argumento que justifica o caso? Acompanhar a atenção aos detalhes é a coerência. A qualidade de evidências pode ser impecável, mas o posicionamento da evidência requer igual atenção. Deve-se encadear o argumento, mostrando claramente a lógica do caso, passo a passo. Mesmo que existam falhas, elas devem ser transparentes. As fraquezas existem em praticamente todos os casos. Destaque esses pontos, bem como a lógica da proposta e, com isso, o apoio à proposta apresentada ao conselho diretor provavelmente será maior. A valorização da totalidade do argumento garante o avanço do compromisso.

Posicionar o argumento

A segunda etapa é posicionar o argumento. O diálogo encoraja uma exploração aprofundada e desinibida, enquanto o debate induz a situações de vitória/ derrota, à tomada de partido, a favor e contra, para que a presença mais forte na sala ganhe o caso, independentemente de ser esse o melhor argumento.

Na prática, a forma como as equipes de liderança trabalham varia. Mas uma proposição baseada em evidências com argumento é um requisito primário da tomada de decisão.

Além disso, qualquer grande projeto precisa ser defendido. Ser campeão é uma paixão. Uma forte ligação com a iniciativa e as pessoas envolvidas é natural. Escondidas sob um argumento claramente pensado estão emoções poderosas. A análise de qualquer caso requer atenção não apenas à lógica, mas também às relações, para que a lógica coerente subjacente ao argumento prevaleça sem minar a paixão pelo sucesso.

Ao verbalizar o argumento, a forma da conversa precisa ser considerada. É um diálogo ou um debate? Muita coisa depende da profundidade da compreensão desejada pelos stakeholders. O contrato psicológico entre as partes deve ser apreciado como, muitas vezes, um fator dissuasor da qualidade dos resultados do processo de debate.

Gerenciar as expectativas

O terceiro passo é gerir as expectativas. Lembre-se, também, que nenhum CEO gosta de surpresas.

Um dos aspectos mais importantes do papel do líder é definir o contexto para discussão. A forma como um argumento é introduzido e os sinais que o líder dá podem fazer uma grande diferença. Em particular, o líder pode dissolver uma atmosfera altamente carregada ou acender um pavio.

Uma relação positiva entre presidente e CEO é muitas vezes crucial. Palavras como abertura, confiança e respeito são usadas para descrever uma relação produtiva e frutífera. No entanto, essas palavras andam em conjunto, captando a complexidade da relação entre as duas pessoas. E quanto à qualidade das relações nas reuniões, em que comentário e contra comentário são as realidades dentro do contexto de um grupo?

Termos como solidez e resiliência são mais adequados. A relação entre o presidente e o CEO não é uma relação de amor.

A qualidade da evidência, a estrutura do argumento e a atenção aos detalhes são ingredientes essenciais para obter a aprovação do caso apresentado a qualquer grupo. Há uma consideração final, que é o posicionamento das expectativas. Como o caso deve ser visto? Incentivar uma visão positiva das pessoas a fim de alcançar os resultados desejados requer que o líder molde o pensamento dos indivíduos e da organização como um todo, e isso requer um toque pessoal e sensível. Não há receita.

Reformular o argumento

A próxima etapa é reformular o argumento. Uma boa discussão é fornecida se as expectativas tiverem sido adequadamente posicionadas. Uma vez que a análise tenha terminado o seu curso e seja necessário mais trabalho da equipe de gestão, os passos práticos para reformular o argumento e ganhar a aprovação final geram um sentido final de conclusão.

Não há vergonha em reformular o caso. Na verdade, isso é muitas vezes necessário. Em última análise, todos se beneficiam. A nossa pesquisa mostra que muitos compartilham dessa visão, mas poucos a praticam. A maioria admite ter cautela ao apresentar um caso que pode não sobreviver à análise do conselho. Se o caso é fraco, é compreensível que se tenha cuidado para prosseguir. Se as relações entre o presidente e o CEO, entre os membros do conselho e/ ou entre o conselho e a direção forem disfuncionais, é compreensível que haja cautela. Do lado da gestão, muitas vezes as propostas nunca chegam ao conselho por medo de rejeição; não porque o caso é fraco, mas porque o conselho não está pronto.

Promover uma cultura que não pregue a vergonha

Perda de prestígio, perda de credibilidade, até mesmo vergonha — essas são as experiências descritas tanto pela administração quanto pelo conselho administrativo quando as propostas são rejeitadas ou devolvidas, requerendo deliberação adicional. Os dois que se sentem mais sensíveis são o presidente e o CEO. Mas por quê? Assumindo que a deliberação aberta e transparente traz à tona sugestões valiosas para melhorar a proposta original, por que as emoções negativas?

O diálogo requer o exame do caso de todos os ângulos. A identificação de melhorias contribui imensamente para a sustentabilidade da proposta a longo prazo. Não há vergonha em ser convidado a melhorar um caso já bem pensado. Einstein, uma das mentes mais brilhantes do século XX, não publicou muito, mas o que publicou foi em revistas acadêmicas, que exige o chamado *blind peer review* (avaliação duplo-cego). Colegas acadêmicos desconhecidos criticaram confidencialmente os seus trabalhos. A resposta a Einstein foi: revise e submeta os artigos novamente — seu trabalho é ótimo, mas há espaço para melhorias. Imagine o século XX se Einstein tivesse ficado amuado e dito: "Não, vá para o inferno, aceite o que eu apresentei ou nada!" Aperfeiçoar a proposta anda de mãos dadas com uma solidez e resiliência pessoal ao desafio, à escuta e ao questionamento. Esforçar-se para uma conversa aberta e profunda leva a uma cultura que não prega a vergonha.

Evitar agendas e temas pessoais

Cultivar uma cultura que não pregue a vergonha exige objetividade e imparcialidade dos membros do conselho. O que mina uma abordagem positiva e progressiva à conversação é a busca de temas pessoais.

Levando em conta as pressões contextuais, a gestão enfrenta uma análise da proposta. Outras experiências contextuais dos membros do conselho, a menos que sejam diretamente relevantes, devem ser omitidas da conversão. Há uma tendência natural para se referir a experiências pessoais poderosas como referência para determinar os méritos de um caso.

Aumentar e diminuir o zoom

Trabalhamos em um ambiente em que a eficácia global é essencial.

Porém, não há um programa, função ou disciplina únicos que lhe proporcione todas as capacidades e competências necessárias para ter sucesso como um líder global.

Como, então, você pode se tornar pessoal e organizacionalmente eficaz em um papel de liderança moderna?

O líder global eficaz é adepto — quase mecanicamente — a mover-

-se dentro e fora de contextos, culturas e personagens. Eu chamo isso de aumentar e diminuir o zoom.[1] Pense em uma lente de zoom em uma câmera: ela permite que o operador recue e veja a imagem toda, mas também permite que ele amplie os detalhes. Como um fotógrafo hábil, os melhores líderes passam de uma perspectiva mais ampla para uma perspectiva de troca de detalhes, muitas vezes dentro da mesma conversa ou reunião.

Com efeito, entre as centenas de quadros que estudei, observei que a capacidade de aumentar e diminuir o zoom de uma forma ponderada e hábil é uma das características que distinguem os líderes excepcionais — sejam eles presidentes ou diretores executivos. Em muitos casos, eles usam suas lentes de zoom para sondar e descobrir as questões que estão logo abaixo da superfície e que precisam ser resolvidas, separando as personalidades das políticas e as nuances culturais do contexto de negócios. Dessa forma, os presidentes ou CEOs mais eficazes são capazes de identificar os problemas e resolvê-los para fazer com que as coisas aconteçam.

O líderes fazem isso em três domínios distintos: as personagens com que lidam, o contexto da reunião e a cultura em que estão operando. Cada um desses domínios varia desde o nível de grandeza da imagem até o nível de detalhamento altamente granular.

Veja o domínio de personagens, por exemplo. Um CEO pode olhar à volta da mesa da sala de reuniões e ver o quadro geral das personagens que lá se encontram — vendo-as como o seu cargo: o CFO, CTO para a Europa e diretor global de RH. Mas, quando necessário, ele também pode aproximar o zoom para vê-los como indivíduos — Susan, David e Pablo, com todas as suas formas idiossincráticas humanas.

Como isso funciona na prática? Ao contemplar a resposta negativa do CTO a uma proposta, por exemplo, o CEO amplia o seu carisma. Ele se lembra que a promoção de David foi rejeitada no ano passado e que ele ainda está magoado com isso. Esse conhecimento pode permitir que o CEO desbloqueie a resposta de David para persuadi-lo a apoiar a ideia apresentada, talvez com um suave lembrete de que o projeto irá criar um novo papel de CTO global que ele seria bem qualificado para preencher.

Surpreendentemente, a capacidade de aumentar e diminuir o zoom não é tão comum quanto você poderia imaginar. Muitos líderes altamente competentes que estudei têm um ponto fraco — ou cego — nesta área.

A maioria dos líderes tem uma configuração padrão preferida — eles se inclinam para a posição de *zoom out*, muitas vezes caracterizados como pensadores do quadro geral; ou então gostam de aproximar o zoom, caracterizados como profissionais detalhistas, focados em coisas pequenas. São capazes de fazer *zoom in* e *out* por vezes, mas não o fazem automaticamente.

Mas há um terceiro grupo de executivos com um estilo muito diferente. Esses líderes são altamente especializados em aumentar e diminuir o zoom durante o curso de uma reunião — ou qualquer outra situação em que exerçam sua liderança. Tendo observado seu comportamento ao longo de muitos anos, descobri que esses indivíduos são muito mais eficazes em obter os resultados desejados em reuniões e outras situações de gestão. São excelentes presidentes, homens ou mulheres. Eles são mais eficazes na criação de apoio e na identificação e resolução de problemas antes de se tornarem um bloqueio na eficácia organizacional. Em suma, eles colhem os lucros do zoom.

Há três aspectos a considerar:

- Aproximar-se ou afastar-se do contexto; do quadro geral a orçamentos — estratégia a execução.
- Aproximar-se ou afastar-se de culturas; cultura regional ou nacional para cultura departamental.
- Aproximar-se ou afastar-se de personagens; aprendizagem *in vivo*, título de trabalho para personalidade individual.

A capacidade de aproximar-se ou afastar-se de diferentes culturas, contextos e personagens é fundamental para a eficácia dos líderes baseados em evidências.

LIDERANÇA COM UM PROPÓSITO

Os verdadeiros líderes lideram com um propósito. Eles acreditam na organização e no valor que ela cria. Eles não estão simplesmente passando pelas propostas para receber um salário. É o seu compromisso que atrai e retém os seguidores.

Veja como Ed Rapp, da Caterpillar, explica a perspectiva da implementação:

> As pessoas ficam na CAT, e dizemos que as pessoas da Caterpillar têm sangue amarelo, que é a cor da empresa. Do meu ponto de vista, o sangue amarelo vem de três coisas, e é por causa delas que as pessoas ficam. Número um, as pessoas gostam de trabalhar para uma liderança. Mas nunca subestimamos a nossa posição de liderança. Sabemos que temos que merecê-la todos os dias, mas acho que as pessoas gostam de usar o logotipo CAT na camisa porque têm orgulho em trabalhar aqui e gostam do fato de sermos líderes mundiais.
>
> Em segundo lugar, e pode parecer cafona, mas a maioria de nós acredita que o que fazemos é importante. Construímos estradas, barragens, aeroportos e outras infraestruturas em todo o mundo. Não há país ao redor do mundo onde se encontre um padrão vida elevado sem uma construção básica de infraestrutura. Dizemos na CAT que a estrada para o progresso começa com uma estrada, ponto final. As pessoas gostam de ser associadas a uma empresa que faz algo que é real.
>
> Em terceiro lugar, é um negócio que requer relacionamento, e nós vendemos maquinários e peças. Conhecemos pessoas em todo o mundo e nos conectamos novamente com pessoas com quem já trabalhamos antes. Formamos relacionamentos profundos com clientes que duraram gerações, revendedores que estão conosco há sessenta anos. Então, se você fosse sair da CAT, não seria como deixar um emprego, você estaria deixando seus amigos, sua família.

Jim Collins, autor do best-seller de 2001 *Good to Great* (e coautor do best-seller de 1994 *Built to Last*), defendeu algo que ele chama de liderança de Nível 5. O mais alto nível em uma hierarquia de laços de capacidade executiva, de acordo com Collins, o Nível 5 é uma mistura potente de altruísmo, humildade e vontade de ferro. Aqueles que o exibem são tipicamente "líderes tranquilos" em comparação aos personagens "gigantes" associados a organizações transformadoras. Em muitos aspectos, os gerentes que Ed Rapp descreve na Caterpillar.

A humildade é um ingrediente chave. De acordo com Collins, a fórmula simples é Humildade + Vontade = Nível 5. "Os líderes de nível 5 são um estudo sobre a dualidade", observa Collins. "Modesto e voluntarioso, tímido e destemido." Eles são mais propensos a atribuir o seu sucesso à sorte do que a qualquer qualidade heroica de liderança. São ambiciosos para a empresa e não para si mesmos. Tendem a deixar um legado mais duradouro quando vão embora, mas não estão preocupados com ele; estão preocupados em fazer o seu trabalho, e isso implica criar valor. Deixar um legado é um feliz subproduto de realizar bem o seu trabalho e querer deixar a organização em melhor forma do que encontraram.

Os líderes baseados em evidências colocam a organização acima do líder individual. Como diz Kevin Lobo, CEO e presidente da Stryker Corporation: "A minha primeira preocupação é com a empresa, não com o meu legado."

Ed Rapp, da Caterpillar, faz quase a mesma coisa:

> A Caterpillar existe desde 1925, e nossa crença geral é que somos simplesmente mordomos do negócio por um período de tempo. Como administradores, temos duas responsabilidades. Número um, deixar o lugar melhor do que o encontramos. Em outras palavras, como podemos, todos os dias, melhorar em termos de produto ou operações, ou o que quer que seja. Em segundo lugar, certificar-nos de que o deixamos em mãos mais capazes. Quando eu for embora, espero que o sentimento seja "sinto falta daquele cara, mas estamos bem sem ele". Todos temos um bom entendimento de que é isso que estamos aqui para fazer. Não é individual, não se trata de uma personalidade, trata-se de sustentar um negócio a longo prazo, e acho que tentamos manter isso em perspectiva.

Como Rapp também indica, o papel de liderança muda ao longo do tempo. "Trabalhei para a Caterpillar por 35 anos, mas trabalhei para cinco ou seis Carterpillars diferentes à medida que íamos nos reinventando ao longo do tempo para nos adaptarmos ao mundo em que competimos."

Ed Rapp, Jim Collins e Kevin Lobo oferecem mensagens semelhantes — assuma a visão holística, seja guiado por seus valores, e a partir daí entenda os desafios que tem que enfrentar e as consequências de não fazer isso. O líder orientado por evidências vive e respira EST + (ENG X AL) = V.

O BOM, O MAU E O FEIO

Infelizmente, para cada exemplo de liderança excepcional, há muito mais exemplos de fracasso de liderança. James McGregor Burns, o pai da teoria da liderança moderna, descreveu a liderança como: "A liderança sobre os seres humanos é exercida quando pessoas com determinados motivos e propósitos mobilizam recursos de modo a despertar, envolver e satisfazer os motivos dos seguidores." Observe a suposição de que a liderança é uma coisa positiva e boa, em que os líderes "engajam" e "satisfazem".

Mas essa visão cor-de-rosa da liderança é exata? A especialista em liderança da Universidade de Harvard, Barbara Kellerman, não pensa assim. Em seu livro *Bad Leadership: What It is, How It Happens, Why It Matters*, Kellerman discute o lado sombrio da liderança.[2]

Usar os termos bom e mau implica que a liderança é preto no branco, o que raramente é o caso. Na minha experiência, uma forma mais produtiva de descrever é falar de liderança eficaz e ineficaz. Mas, aqui, vou usar os termos de Kellerman, para evitar deturpá-la. A história não só nos diz que há muitos maus líderes, mas também, mais confusamente, que uma liderança eficaz e uma má liderança não são necessariamente incompatíveis. Você pode ser altamente eficaz e ainda ser um mau líder. Devemos reconhecer o fato, argumenta Kellerman, e procurar entender a má liderança, em vez de ignorar convenientemente o assunto.

Os maus líderes de Kellerman vêm em sete tipos: incompetentes, rígidos, desregrados, insensíveis, corruptos, fechados para novas ideias e malvados. (Os maus líderes podem habitar mais de um destes grupos.)

Kellerman faz uma distinção mais ampla entre líderes ineficazes e antiéticos. Líderes ineficazes não conseguem fazer as coisas. Eles são caracterizados por "traços faltantes, habilidades fracas, estratégias mal concebidas e táticas mal-empregadas". Embora líderes ineficazes possam estabelecer objetivos admiráveis, eles não dispõem dos meios para alcançá-los.

Os líderes ineficazes são frequentemente complementados por seguidores ineficazes. A pesquisa identificou os melhores e mais eficazes seguidores como aqueles que "pensam por si mesmos; autodirigem seu trabalho; e cumprem sua parte do acordo". Eles trabalham continuamente para se tornar parte integrante da empresa, aprimorando suas habilidades, concentrando suas contribuições e colaborando com os seus colegas. Em contraste, seguidores ineficazes são fracos e dependentes, e não se comprometem ou contribuem para o grupo.

Os líderes antiéticos são aqueles que parecem incapazes de distinguir entre o certo e o errado. A boa liderança está invariavelmente associada à liderança ética. Burns oferece três características de liderança ética: líderes éticos colocam as necessidades de seus seguidores acima das suas próprias; líderes éticos ilustram virtudes particulares como coragem e honestidade; e líderes éticos exercem liderança no interesse do bem comum.

Líderes antiéticos não fazem nada disso. Os maus líderes podem ser ineficazes, antiéticos ou uma mistura de ambos.

Então, por que é importante considerar a natureza dos maus líderes? Por um lado, Kellerman acredita que, ao saber o que constitui uma má liderança e grupos de seguidores, podemos procurar evitá-los.

A má liderança pode ser corrigida. Mas não mudando a natureza humana, nem escondendo a cabeça num buraco e evitando o problema. Tampouco mudará sem também mudar o mau conjunto de seguidores. Não obstante estas advertências, há medidas que podem ser tomadas. Os líderes podem, sugere Kellerman, limitar sua posse; compartilhar poder; evitar acreditar na propaganda exagerada de suas habilidades; permanecer em contato com a realidade; compensar fraquezas; manter um equilíbrio sensato entre trabalho e vida pessoal; lembrar o propósito da organização; manter a saúde psicológica e física; ter criatividade;

manter os desejos sob controle; e reservar algum tempo para a contemplação regular.

No que diz respeito à sua relação com os seguidores, os líderes também podem estabelecer uma cultura de abertura; nomear um intermediário como um provedor de justiça; encorajar conselheiros independentes fortes; divulgar informação confiável e completa; e estabelecer um sistema de verificações e balanços.

Tais medidas nunca erradicarão totalmente os maus líderes. Mas eles podem ir muito longe.

Ao identificar essas duas grandes categorias de má liderança, Kellerman levanta uma questão interessante: o que constitui uma boa liderança? Há muitos exemplos de líderes que conseguiram fazer as coisas persuadindo seus seguidores a entregar um conjunto de objetivos indesejados — mas por meios terríveis e moralmente repugnantes.

Claramente, o veredito quase unânime sobre esse tipo de liderança é que ela é totalmente indesejável. Portanto, uma boa liderança deve ser mais do que eficaz. O elemento extra parece ser o componente ético. Os bons líderes devem ser eficazes e éticos.

A liderança pode ser mal utilizada. Pode acabar mal. Mas é vital para alcançar qualquer coisa em qualquer organização. Compreender e implementar as outras disciplinas requer e exige liderança.

A DISCIPLINA DA LIDERANÇA: EM RESUMO

- Saiba que tipo de líder você é e como o seu estilo e a sua mentalidade vão moldar o futuro.
- Mostrar a capacidade de QI para enfrentar os desafios deve vir em primeiro lugar e acima de tudo.
- A consciência moral é um fator crítico na liderança por um valor sustentável.
- Compreenda o contexto com sensibilidade e precisão.
- A precisão persuasiva é fundamental para uma liderança convincente.

PERGUNTAS-CHAVE

- Como líder, como descreveria o seu estilo e a sua mentalidade?
- O que acha que os outros dizem sobre você? Eles falam diretamente para você ou pelas suas costas?
- Como descreveria a sua consciência moral e ética?
- Com que precisão e sensibilidade você lê e trabalha dentro do contexto?
- Concorda que a defesa persuasiva é fundamental para a liderança envolvente?
- Você pratica isso ou é uma pessoa persuasiva?
- Em última análise, qual é o seu propósito de liderança e o que os outros veem como sendo o seu propósito?
- Para você, que tipo de pessoa é um mau líder, e você mostra alguma dessas características?

8

DISCIPLINA 6

GOVERNANÇA

A governança é o combustível da fórmula do sucesso. Sem ela, o motor vai parar de funcionar de forma inglória e abrupta. Mas a governança não é simplesmente um exercício administrativo. Alcançar seu equilíbrio certo é um grande desafio e não deve ser subestimado.

Mais uma vez, a independência e a diversidade de pensamento são fundamentais. A governança não é uma questão de simples conformidade e de criar uma demorada lista de tarefas. Quando diretores não executivos com mentalidade independente trazem diversos pontos de vista para a sala de reuniões, o *compliance* se dá por si mesmo. Por outro lado, quando esses dois aspectos fundamentais estão faltando, nenhuma lista de tarefas conseguirá criar uma governança eficaz. A razão é que a governança tem duas dimensões vitais: fiscalização e mentoria. Somente quando ambos os papéis são cumpridos é que a função de governança do conselho é eficaz.

A fiscalização tem relação com os controles, protocolos e procedimentos que fornecem sinais de alerta antecipado e permitem que a diretoria tome medidas para evitar transgressões ou más decisões.

O outro lado da governança é a mentoria. A diversidade de pensamento faz a ponte entre o *compliance* e a independência. Traduz a forma em substância. Ao trazer diferentes pontos de vista, a diretoria é capaz de desafiar, nutrir e orientar a equipe de gestão. Como Sir John Parker, presidente da Anglo American, explica:

> Como presidente do conselho, você constrói um forte relacionamento com seu conselho administrativo, coletiva e individualmente. E penso que, se fizer bem o seu trabalho como presidente, terá assegurado que eles e, particularmente, o nível de gestão abaixo se conheçam mutuamente.
>
> Isso permite que essa camada de gestão conheça formalmente os diretores. E a outra grande conquista é que você passa a confiar no seu diretor executivo, que, afinal de contas, também integra seu conselho, para delegar as mesmas mensagens para a próxima camada de gestão, de modo que a transmissão da mensagem é muito importante para fortalecer a ligação.

Para Sir John Parker, a mentoria predomina.

Quando perguntei a Jeff Fettig, da Whirlpool, sobre o papel do conselho, eis o que ele disse:

> É cristalino. Primeiro e antes de tudo: escolher o CEO certo. Segundo: supervisão e estratégia. Terceiro: monitorar as operações. Quarto: controles de auditoria. E quinto: governança forte. Procuramos pessoas de sucesso que saibam fazer essas coisas. É por isso que, na minha opinião, são os ex-empresários que sabem fazer melhor.

A forte ênfase na fiscalização é clara, mas será o suficiente? Jeff Fettig continua:

> Então, com isso como ponto de partida, muito talento, grande experiência e diversidade de pensamento e tudo mais, eu diria que em nosso conselho temos um grande respeito um pelo outro, e um grande respeito pelas equipes de homens e mulheres com quem lidamos, e vice-versa.

> O nosso quadro tem a mistura certa de ambos, de um lado apoiando, quando necessário — termo-chave: quando necessário — e do outro provocando, quando preciso. Eles fazem as duas coisas, e acho que as fazem muito bem. Um conselho, de certa forma, é como uma equipe de gestão, que é como um líder — nunca se sabe o quão bom eles são até enfrentar problemas difíceis. Já estamos fartos deles, e posso dizer que o nosso conselho é muito bom, porque eles sempre mostraram grande sabedoria e orientação quando enfrentamos problemas difíceis, o que foi um grande apoio para mim.

Sir John Parker e Jeff Fettig, em conjunto, enfatizam a necessidade de equilibrar a mentoria com a fiscalização de acordo com as necessidades e os desafios enfrentados pelo conselho e pela empresa.

GOVERNANÇA COMO A CONHECEMOS

Na esteira dos escândalos corporativos dos primeiros anos do século e da crise financeira, uma série de regulamentações, normas, iniciativas, programas e muito mais surgiu — de Sarbanes-Oxley aos Princípios de Governança Corporativa atualizados da OCDE.

Na melhor das hipóteses, a nova regulamentação proporciona uma verificação vital das ações dos executivos para evitar os tipos de excessos que temos assistido nos últimos anos. Na pior das hipóteses, ela pode se assemelhar a uma interminável e, em grande parte, inútil lista de tarefas que distrai o conselho de sua outra função vital: fornecer informações estratégicas, experiência em liderança e orientação para ajudar a equipe executiva a criar valor e sustentar o sucesso.

"É importante prestar atenção à governança corporativa, mas não se deve permitir que ela domine a agenda em detrimento do conselho não aplicar o tempo suficiente no negócio", observou um entrevistado em minha pesquisa. "O ônus do *compliance* e dos relatórios está se tornando muito demorado", lamentou outro.

A reclamação de estar sobrecarregado é escutada abertamente em muitas equipes de gestão e secretamente em salas de reuniões. Juntamente com a minha esposa, Nada, dei um passeio pelos colapsos e escândalos do mundo corporativo a partir dos anos 1970. Se destacaram dois temas que se aplicam à grande maioria das organizações. Os vínculos e protocolos formais de governança corporativa eram muitas vezes exemplares. No entanto, investimentos mal julgados e intempestivos, aquisições mal pensadas e corrupção, incluindo a oferta de favores, presentes e subornos, ainda aconteceram. O que é incrível, e essa foi a nossa segunda descoberta, é que os membros do quadro *sabiam*. Os diretores talvez não tivessem informações relativas a uma única situação, mas sua compreensão das circunstâncias era suficientemente perspicaz para fazer as perguntas pertinentes: Por que estamos fazendo isso? Por que isso está acontecendo? Em vez disso, silêncio.

Como mencionado, o crucial para a disciplina de governação é a relação entre fiscalização e mentoria. Em vez de serem vistos como duas faces da mesma moeda, a fiscalização e a mentoria têm sido posicionadas intelectualmente distantes uma da outra. Por quê? Na década de 1920, a América testemunhou uma revolução dramática em termos de criação de riqueza e propriedade. Os homens e as mulheres talentosos que tinham construído a América industrial moderna tornaram-se ricos. Afastaram-se das suas próprias entidades empresariais, abandonando a sua identidade de proprietários-gestores e adotando o status de investidores. A questão da confiança surgiu. Será que estes investidores confiaram suficientemente nos gestores com quem trabalharam? Será que esses gestores fariam melhor uso da sua riqueza?

A Harvard Business Review retomou o debate, e um dos artigos mais influentes foi escrito sobre a natureza da relação entre o proprietário e a empresa. O clássico livro de 1932 de Adolf Berle e Gardiner Means, *The Modern Corporation and Private Property*, descreve a noção da teoria de representação, que tem dominado o pensamento da governança desde então.1 Basicamente, o investidor não confiava nos seus gestores, então foi chamado um agente interveniente na hierarquia da empresa a fim de acompanhar e controlar as atividades dos executivos. Essa tem sido a base da teoria de representação. O conselho administrativo é supostamente o agente dos investidores/ *shareholders*, e a sua função consiste em controlar a gestão da empresa, uma vez que os gerentes não são de confiança. A fiscalização tornou-se uma prática particularmente orientada para os EUA e foi profundamente enraizada. Em algumas organizações, isso significa que os membros do conselho são mantidos longe dos gerentes no caso de se tornarem corruptos. Realmente espantoso.

Recentemente, realizei uma sessão sobre "práticas de governança do conselho" na Henley Business School. Um dos participantes recordou a sua frustração de estar sentado num conselho americano:

> Eles [ou seja, a gestão e o CEO] realmente me pressionaram para fazer todas as coisas de governança e *compliance*. Questionei sobre como aquilo ajudaria, especialmente agora que estamos atualizando a nossa base asiática para entrar no mercado chinês. Eu disse, sabe mesmo como é operar na China? Sabe mesmo o quanto dos nossos procedimentos de governança não tem significado lá? Não deveríamos estar falando da realidade de fazer negócios na China e do papel e a responsabilidade do conselho administrativo na situação atual? O que consegui foi um bloqueio, educado, mas firme: "O seu trabalho é sentar-se no conselho e garantir que mantenhamos o caminho direto e correto dos dados que te fornecemos. Não interfira com a gestão." Ninguém disse, mas eu pude sentir o que todos estavam pensando, incluindo meus colegas do conselho, e foi assim que, como americano, pude entender as regras de engajamento no relacionamento entre o conselho e a gestão.

O diretor demitiu-se pouco depois, porém mais tarde entrou em contato comigo e falou-me da vergonha que a empresa enfrentava na China. "Precisávamos ter nos envolvido. Devíamos ter facilitado a gestão em meio a esse momento tempestuoso." O caso que está sendo apresentado é de mentoria, mas a realidade era de fiscalização rigorosa.

Fiscalização sem mentoria significa governança inadequada e improdutiva. Talvez a maior ironia (ou seria um sinal de diversidade de pensamento?) é que Harvard tem discordado publicamente de si mesma nos últimos oitenta anos e provavelmente continuará a discordar. A Harvard

Business School promoveu um debate da década de 1920 sobre o valor acionário e a teoria de representação. A Harvard Law School desafiou esse pensamento por meio de uma série de contribuições reconhecendo a presença e o poder dos stakeholders. O termo introduzido foi *intendência*, a facilitação estratégica sensível e ainda difícil da gestão. Com efeito, a Harvard Business School defendeu a fiscalização e foram os juristas que promoveram a mentoria. Levou muitas décadas para que a Harvard Business School reconhecesse o valor da mentoria em conjunto com o *compliance* e o controle. No entanto, a Harvard Law School não mudou de posição: "As leis que visam a proteção dos stakeholders (tais como co-determinação ou lei trabalhista restritiva) são, portanto, normativamente mais desejáveis na presença de uma maior influência dos acionistas, especialmente sob a concentração da propriedade", diz outro acadêmico líder na área, Martin Gelter.[2]

Por que não integramos a fiscalização com a mentoria?3 Isso nunca foi dito, mas no fundo da psique da gestão está a necessidade de preservar e promover valor para os acionistas. Aqui reside a lógica não verbalizada para a combinação dos papéis de CEO, chefe e presidente na mesma pessoa. A lógica é a velocidade da tomada de decisões. Alguém que tem a autoridade final para agir rapidamente, dentro das estipulações de governança, a fim de maximizar o lucro, supostamente pode servir melhor o valor do acionista. No entanto, a Harvard Law School continua a desafiar esse pensamento.

A professora Lynn Stout, da Cornell Law School, chamou a atenção para o mito do valor do *shareholder*.[4] Sua tese é a de que a alegação equivocada de que os acionistas são proprietários da empresa, juntamente com dados macroeconômicos que remontam a anos atrás, que mostram que os retornos totais do investimento estão diminuindo. Colocar os *shareholders* em primeiro lugar prejudica os investidores, as empresas e a comunidade em geral.

Martin Gelter concorda e, em seu trabalho de discussão seminal, afirma:

> O isolamento dos gestores agrava o problema da representação em relação aos *shareholders*, que é uma preocupação legítima... Por conseguinte, a

criação de um regime ideal de governo das sociedades deve ser encarada como um exercício de atingir o equilíbrio certo entre a minimização do custo de representação e a retenção em benefício dos acionistas. Em algumas situações, no entanto, os beneficiários da retenção podem ser os próprios gestores.[5]

Como Martin Gelter enfatiza, é sobre equilíbrio, o equilíbrio entre a mentoria e a fiscalização que varia dinamicamente de conselho para conselho, de negócio para negócio.

TIGRES SEM DENTES

A imprensa e os meios de comunicação estão repletos de escândalos que refletem uma ênfase exagerada na fiscalização e uma falta de atenção à mentoria. Como o conselho permitiu que esse escândalo acontecesse quando, de fato, alguns dos cérebros de melhor governança eram membros do conselho? A indústria de serviços financeiros continua a passar por um escândalo após o outro.

A realidade é que muitos conselhos não estão abordando as questões de governança ou os problemas nos negócios que deveriam ser analisados, e acabam sendo pouco mais do que tigres sem dentes, com diretores mais dispostos a se aconchegar uns aos outros do que incentivar o debate. No lugar das vozes levantadas, há o zumbido silencioso dos *checks* da lista de tarefas, tentando desesperadamente evitar qualquer tipo de controvérsia. Em tais conselhos, os líderes mudam o *status quo*.

São necessários mais líderes que sejam capazes de criar conflitos criativos.

As novas regras relativas aos conselhos administrativos introduzidas pelas leis incontestáveis e regras técnicas bem estabelecidas são parcialmente culpadas. Elas correm o risco de comprometer o funcionamento eficaz do processo político. Por exemplo, nos Estados Unidos, a Sarbanes-Oxley apresenta protocolos que determinam o comportamento dos membros do conselho. É tentador para os membros, ansiosos e assumindo responsabilidades crescentes, focarem no processo administrativo e gastar menos tempo em discussões e reflexões. É difícil estabelecer um diálogo robusto quando se está completando uma lista de tarefas e olhando por cima do ombro. Na verdade, existe uma preocupante falta de debate vigoroso em muitas salas de reuniões.

Diferenças de opinião devem estar presentes nas reuniões do conselho. Isso significa reconhecer que a resolução de conflitos de opinião e interesses é parte integrante do que fazem.

Os conflitos têm que ser geridos porque, como mostra o exemplo da HP, quando se tornam pessoais, muitas vezes ficam tóxicos. Nas salas de reuniões americanas, a mudança da mentalidade de clube para equipe já está em andamento, mas ainda há um longo caminho a percorrer. A pesquisa com 760 diretores, realizada por James D. Westphal, da Michigan University, e Ithai Stern, da Northwestern University, revelou que o caminho para fazer parte de um conselho tem maior relação com conformidade, lisonja e favores do que com atividades em nome dos *shareholders*.

As leis incontestáveis desviaram a atenção para o desempenho — ou pelo menos o *compliance* — à custa do espírito de solidariedade. As grandes equipes têm ambos. Pense em qualquer equipe eficaz em que esteve envolvido e saberá que o silêncio não é saudável.

O conselho é a melhor equipe de alto desempenho — ou deveria ser. É necessário que se encontrem com frequência suficiente para se conhecerem e estabelecerem um sentido de propósito comum e de conforto mútuo que lhes permita debater sem que isso se torne pessoal.

GOVERNANÇA DINÂMICA

As empresas ao redor do mundo compreendem cada vez mais que os conselhos administrativos eficazes precisam ir além da mera conformidade para criar uma forma mais flexível e progressiva de governança.

Em sua investigação sobre governação na Europa, a Heidrick & Struggles cunhou a expressão *governança dinâmica* para descrever o que agora é exigência. Ela argumenta que a procura de uma governança dinâmica se baseia em duas grandes descobertas. Primeiro, a liderança começa no nível do conselho. Como e com qual objetivo ele exerce a liderança define a posição de qualquer organização. Em segundo, a governança é um meio de possibilitar e impulsionar o desempenho das empresas. Com o equilíbrio dos dois, as empresas bem governadas se destacam.

Essa nova geração de governança dinâmica responde de forma rápida e adaptável às mudanças nas circunstâncias dos negócios. É ágil e resiliente, e está em constante evolução. É a governança em primeiro lugar, mais do que a governança caracterizada pela defesa e pela burocracia. Isso se constrói ao aceitar que as empresas mais eficazes são aquelas que se atentam ao que está acontecendo e antecipam o que vai acontecer no mundo dos negócios. As melhores empresas não esperam para serem governadas. Em vez disso, moldam o debate e estabelecem as melhores práticas.

O tema da governança corporativa tem sido uma questão importante nos conselhos de administração ao longo da última década. Mas, enquanto algumas partes do mundo seguiram a rota do *compliance*, mais especificamente os Estados Unidos, outras se concentram no desempenho geral do conselho. A Heidrick & Struggles produz relatórios bienais de governança corporativa na Europa desde 1999, e na região da Ásia-Pacífico desde 2014.

Seu relatório de 2014 da Ásia-Pacífico, intitulado *Foundations and Building Blocks for High-performing Boards*, baseia-se em dados de 170 empresas listadas publicamente em bolsas de valores de seis países — Índia, China, Hong Kong, Cingapura, Austrália e Nova Zelândia. Além disso, o trabalho incluiu uma pesquisa com 165 membros do conselho diretor desses países. É possível perceber que: "Embora reconhecendo que o *compliance* é importante, nos últimos anos foram feitas melhorias significativas em todos os países da Ásia-Pacífico no que diz respeito ao desempenho. Ainda há trabalho a ser feito, com os reguladores continuamente pressionando por melhorias; no entanto, o debate passou de uma governança pura para uma com maior ênfase na eficácia dos conselhos administrativos. Cultura, comportamento e experiência comuns influenciam a eficácia do conselho diretor."

O estudo da Heidrick & Struggles identificou quatro competências que foram reconhecidas como a base da capacidade de desempenho do conselho. São elas:

1. Pessoas: a necessidade de rever continuamente os principais talentos e de se engajar no planejamento da sucessão.
2. Visão: a importância de ter uma visão e estratégia claras que sejam partilhadas e compreendidas.
3. Liderança: a necessidade de promover a dinâmica da equipe por meio do líder do conselho administrativo.
4. Inovação: a habilidade de maximizar a capacidade do conselho para considerar e adaptar-se ao risco e à inovação.

Além disso, o relatório também identificou nove fatores para alcançar melhores práticas. Destes, quatro eram *drivers* fundamentais:

- equilíbrio de competências, conhecimentos e experiências;
- apoio legítimo às comissões;
- avaliações regulares do conselho administrativo; e
- identificação de oportunidades de melhoria do conselho diretor.

Outros cinco eram *drivers* de apoio:

- o equilíbrio entre diretores executivos e não executivos;
- reuniões regulares do conselho;
- critérios claros para a substituição de membros do conselho administrativo;
- diversidade de gênero e nacionalidade; e
- um número representativo de diretores independentes.

A chave para tudo isso é a crença de que a governança corporativa não é um ato de *compliance*, mas que há um *espírito de governança*. Esse espírito é indissociável da cultura e do desempenho de uma organização. As melhores empresas exploram o que isso realmente significa e quais são suas implicações. Ao pensar sobre como a empresa é governada, elas consideram o que significa boa governança e o que os stakeholders exigem. Não se trata de uma conformidade mínima, mas sim de compromisso e impacto máximos.

Para alguns, esta é uma perspectiva assustadora. A governança dinâmica requer uma conversa mais madura entre os stakeholders e os membros do conselho, bem como entre o próprio conselho. A questão é saber se os conselhos administrativos estão à altura deste nível de debate e se estão dispostos a investir tempo na sua concretização.

A governança dinâmica exige que os conselhos sejam mais focados externamente. Eles têm que estar conectados a um leque cada vez maior de stakeholders e à sociedade. Tal como defende Sir Adrian Cadbury, a governança corporativa "deve reconhecer os direitos dos stakeholders, estabelecidos por lei ou por acordo mútuo, e incentivar a cooperação ativa na criação de riqueza, emprego e sustentabilidade das empresas financeiramente sólidas".[6]

Isso requer mais julgamento do que a aplicação mansa de um manual. Requer abraçar a realidade de que existem áreas cinzentas para a governança e que elas precisam ser entendidas com integridade, discernimento e inteligência.

Quais são, então, as características da governação dinâmica? O relatório europeu de 2014 da Heidrick & Struggles, *Towards Dynamic Governance*, identifica seis características que os conselhos administrativos devem desenvolver e promover para alcançar uma governança dinâmica:

- **Profundo conhecimento de negócios:** os membros do conselho devem compreender o DNA comercial da empresa.
- **Diversidade de pensamento:** o atributo mais importante identificado consistentemente como essencial para a eficácia do conselho é ter o equilíbrio certo de habilidades, conhecimento e experiência para desafiar construtivamente a gestão.
- **Liderança engajada:** o presidente é o guardião da governança

dinâmica. Ele coreografa as atividades do conselho diretor e oferece liderança.

- **Alinhamento estratégico e execução:** os conselhos devem usar seus conhecimentos e suas experiências para ajudar os executivos a desenvolver estratégias sólidas e sustentáveis.
- **Capacidade de adaptação:** em tempos de transformações, os conselhos devem ser capazes de mudar de direção e enfrentar as mudanças estratégicas, financeiras, de mercado e humanas.
- ***Top talent:*** Identificar, desenvolver e utilizar pessoas talentosas está no coração da governança. O planejamento de talentos e sucessão precisa estar no topo da agenda do conselho e ser levado em consideração.

É claro que o *compliance* é necessário e importante. Mas o caminho para a excelência em governança corporativa está em compreender e agir sobre esses seis elementos para alcançar uma governança verdadeiramente dinâmica.

FAZENDO A GOVERNAÇÃO DINÂMICA FUNCIONAR

O desafio é implementar as recomendações da Heidrick & Struggles.

Como Charlie Mayfield, presidente da John Lewis Partnership, salienta:

> Não estamos realizando o engajamento apenas por diversão, ou para a felicidade dos sócios; na verdade, há um propósito comercial muito claro. E a chave da parceria é juntar essas duas coisas. Trata-se de uma parceria e de um negócio, e da ligação desses valores a tudo o que fazemos.
>
> A maioria das pessoas sensatas e sensíveis irá se engajar na busca da melhor decisão quando compartilham informações e explicam às outras o contexto e o problema que se está tentando resolver.

Mayfield aponta para "a solução certa". Mas qual é a solução certa?

Durante outro estudo, olhei para uma conhecida empresa de alimentos global, que ganhou vários prêmios internacionais por sua prática de responsabilidade corporativa. Na época, a organização estava repensando sua estratégia de abastecimento e cultivo de baunilha. A baunilha é uma planta muito frágil, mas muito procurada. Na época, era proveniente da sua terra natal, Madagascar. A pesquisa explorou a prática da responsabilidade de acordo com o crescimento, preço e a comercialização de baunilha.

No centro corporativo, o senso de responsabilidade e a clareza dos procedimentos de governança eram quase nulos. A sustentabilidade empresarial foi impulsionada juntamente com os direitos humanos e a proteção das crianças. O nosso entrevistado centrou-se na adoção e implementação da política de responsabilidade social. Abaixo do nível do centro corporativo, a gerência divisional demonstrou uma consciência distinta sobre as responsabilidades sociais da corporação. Foi dada pouca ênfase à forma como a RSC (responsabilidade social corporativa) deveria ser praticada.

No nível mais abaixo, os compradores das favas de baunilha tinham pouco conhecimento das políticas de RSC da corporação. Na realidade, eles se concentraram no preço, na qualidade da entrega e na confiabilidade do fornecimento. A RSC não tinha muita importância para eles. Seu foco era negociar o preço mais barato a menor custo. A função da auditoria interna da qualidade examinou muitas áreas, mas as responsabilidades sociais das corporações não estavam entre elas. Abaixo dos compradores estavam os comerciantes, que agiam como intermediários entre os curadores/ produtores e os compradores. Nenhum conhecimento das políticas de RSC era evidente, nem havia motivação para adotar essas políticas em sua parte da cadeia de suprimentos. Junto aos comerciantes estavam os produtores, que dirigiam as casas de cura para as favas de baunilha. Eles também não expressaram interesse nas políticas de RSC da corporação. Na verdade, tinham uma relação antagônica com as corporações, pois sentiam que estavam sendo injustamente pressionados pelo preço. No final dessa cadeia de abastecimento estavam os agricultores que cultivavam a baunilha. Muitos viviam na pobreza.

O trabalho infantil era comum e, na verdade, era a única maneira de manter a fome à distância. Onde estava o conselho? Certamente, a sua presença na governança dos direitos humanos fundamentais era ausente.

Esta é uma história muito comum. O conselho não conhece ou não deseja conhecer a realidade de como os assuntos da corporação são conduzidos na organização e por meio da cadeia de suprimentos.

Meu estudo destaca o fato de que, em vez de atender a essas preocupações, o conselho e a equipe de gestão muitas vezes discutem sobre "quem é o dono da estratégia". A gestão é proprietária da estratégia e o conselho a aprova? Ou o conselho possui a estratégia e a gestão a implementa? Os meus estudos globais mostram que esta é uma pergunta irrelevante.

A melhor prática é quando a gestão possui a estratégia e o conselho possui a cultura.

As implicações dessa descoberta são profundas. O conselho precisa estar muito mais próximo da realidade do que acontece na organização para prover a administração que agrega valor junto com o apoio e aprovação da gestão. Quantas equipes de topo estão dispostas a aceitar isso? Do ponto de vista individual do diretor não executivo/ externo do conselho, a administração sensível e a facilitação estratégica levam tempo. Um conjunto de mais de quatro diretorias simultâneas é contraproducente.

É interessante que a australiana ASX tenha introduzido um sistema de pontos como diretriz para limitar o número de conselhos dos quais um indivíduo pode ser membro. Ela sugere que duas presidências, ou quatro ou cinco diretorias, deve ser o máximo.

Por outro lado, a ShareSoc, a sociedade de investidores acionistas do Reino Unido, recomenda agora de quatro a cinco cargos de direção como o limite para a carteira dos diretores.[7] Para muitos diretores, isso significa uma redução de seu portfólio. Para gestão e acionistas, isso significa pagar muito mais aos diretores do conselho pelo tempo necessário para administrar adequadamente a empresa.

Se estes desafios não forem enfrentados, os conselhos simplesmente não fornecerão a administração necessária em relação às linhas de falha organizacional.

LINHAS DE FALHA ORGANIZACIONAL

Uma linha de falha é o ponto em que aquilo que se pretendia atingir desvia de direção. As razões podem ser muitas. As pessoas nessa altura não partilham a mesma mentalidade, expectativas, objetivos ou formas de trabalhar. O resultado? A estratégia fracassa na frente de todo mundo.

A minha investigação identifica três falhas críticas nas complexas empresas internacionais de hoje. O mesmo se aplica aos organismos do setor público e às ONGs. A primeira é a linha de falha de governança, entre a diretoria e a equipe superior. Uma má delimitação das tarefas e uma tentativa da gerência de manter o conselho à distância significa que o conselho é utilizado de forma ineficaz. A administração da organização fica comprometida.

A segunda é a linha de falha de estratégia entre a equipe superior e a diretoria geral. Muitas vezes, os diretores gerais sentem que não foram consultados ou envolvidos no desenho da estratégia da empresa. Estando no ponto médio entre a formulação da estratégia e a implementação, eles estão bem informados do que funciona, contexto por contexto. Serem responsabilizados por uma estratégia que não é deles, mas que têm a função de implementar, causa tensões, fricções e má adoção da estratégia.

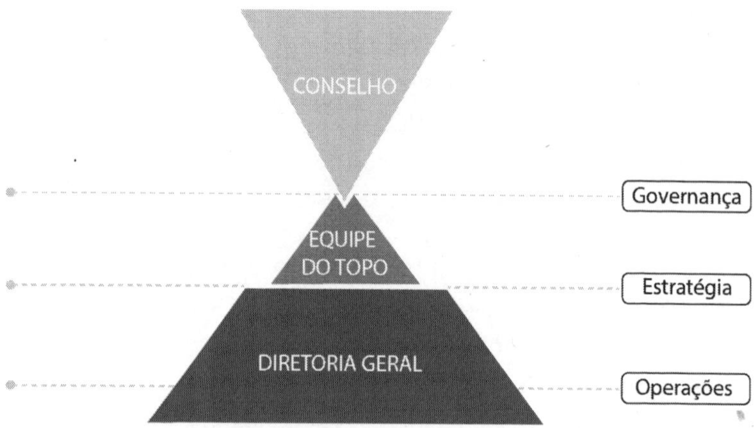

Figura 8.1 Linhas de falha empresarial

Preocupado com as linhas de falhas organizacionais, Robert Swannell, da Marks and Spencer, descreve sua abordagem para preencher essas lacunas:

> Temos vários cafés da manhã nos quais os não executivos vêm e conversam com pessoas de todos os níveis do negócio. Queremos que eles realmente entendam o que o conselho faz e como podem contribuir. Acho que a forma como o conselho está presente no cotidiano da M&S surpreende as pessoas no mercado. Acho isso muito valioso. É claro que também faço isso. Esperamos que nossos funcionários tenham a sensação de que devem confiar nessas pessoas para responsabilizar a equipe executiva e desafiá-la, mas também dar apoio. Penso que este diálogo aberto também encoraja a equipe executiva.

Como Robert Swannell bem indica, a transformação de si mesmo é boa, mas seu verdadeiro valor reside no aumento crítico das capacidades de prestação de contas, responsabilidade e desafio: as essências de liderar e governar a empresa.

A terceira linha de falha é de operações entre a diretoria geral e o resto da organização. Conscientes de que certas estratégias são impraticáveis, os diretores gerais ainda são obrigados a colocá-las em ação. A gestão média, consciente de que seus chefes têm dúvidas sobre a viabilidade da estratégia, fica perplexa sobre por que estão sendo incumbidos de fazer algo que trará pouco retorno. Isso gera raiva, pois estão sendo posicionados para o fracasso.

O estudo de caso da baunilha é um exemplo típico de linhas de falha em ação, exceto que havia mais de três linhas de falha presentes. O conhecimento íntimo dos conselhos sobre como a organização opera e onde as linhas de tensão existem permite uma administração eficaz da empresa.

Fiz um estudo sobre a governança e o comportamento do conselho na Rússia. Para minha surpresa, os resultados indicaram um padrão muito mais elevado de governança e contribuição da sala de reuniões do que em muitos de seus colegas ocidentais. Um colega da Russian Management Association relatou que muitas empresas russas estão se esforçando desesperadamente em um ambiente muito desfavorável para alcançar padrões de classe mundial em estratégia, tática e governança.

Esta percepção foi reforçada na minha discussão com um oligarca russo em particular. Ele possui mais de 80% de uma das maiores empresas do país e deseja introduzir a governança de classe mundial como estratégia para alcançar sua ambição de criar uma verdadeira empresa de classe mundial. Ele empreendeu uma busca internacional para cada cargo no conselho. Foram nomeados administradores não executivos altamente especializados e de alto desempenho, incluindo um presidente. Mas havia uma diferença. Cada um deles foi pago acima da taxa de mercado e espera-se que trabalhem arduamente. Todos tinham de concordar que apenas ocupariam dois ou três cargos em conselhos administrativos, deixando-os assim livres para se concentrarem nos assuntos do conselho russo. Um diretor em particular cobriu locais internacionais sensíveis onde poderiam surgir potenciais questões de direitos humanos. Ele foi encarregado de identificar os riscos e danos potenciais à reputação da empresa nesses locais. Com 12 reuniões de diretoria por ano, cada diretor provavelmente teve que trabalhar cerca de sessenta dias. O diretor internacional em questão, que teve de implementar requisitos de responsabilidade social corporativa, provavelmente trabalhou mais de 75 dias.

Foi assim que o oligarca resumiu a situação:

> Eu sou o CEO, sou o dono e pago muito bem. Mas eles têm que trabalhar. Este conselho não é um comitê. Este conselho é uma unidade de trabalho duro que acrescenta valor ao meu negócio. Embora eu seja acionista, espero que eles me confrontem no meu papel de CEO.

Estudos anteriores identificam uma disciplina crítica dos conselhos: a clara delimitação de papéis e deveres. Mas esta clareza é negociada e renegociada. Uma vez que o presidente e o CEO dividiram claramente suas áreas de responsabilidade de acordo com os desafios que se apresentam e a estratégia seguida, a mesma disciplina de delineamento se aplica ao relacionamento entre o conselho e a diretoria. Todos sabem o que estão fazendo e o porquê. As linhas de falha da empresa estão agora minimizadas. Tal delineamento é baseado em um tema-chave que percorre este livro, o uso de evidências para realizar a entrega de valor.

Quando se trata de recolher provas, o conselho administrativo de uma empresa pode muitas vezes desempenhar um papel importante. Eles são um conselho com voz e, se funcionarem bem, um fornecedor vital de uma visão mais ampla do mundo e do mercado.

Contribuição estratégica (%)	**Presidente**	**CEO/ diretor geral**	**Conselho como um todo**	**Equipe executiva/ gestão**	**Subcomitês do conselho**	**Diretores gerais**
Sem envolvimento	3.0	0.7	2.9	0.7	**44.7**	7.5
Faz as análises	17.8	50.0	15.3	73.6	17.4	**72.4**
Formula as análises	32.6	**83.1**	17.5	72.9	12.1	54.5
Debate as análises	**74.8**	71.3	**86.1**	**77.1**	**43.9**	47.8
Aprova as análises	**84.4**	54.4	**88.3**	22.1	24.2	9.7
Implementa as análises	14.8	**80.9**	10.9	77.1	7.6	**62.2**

Figura 8.2 Contribuição no desenvolvimento da estratégia corporativa

Como diz Catherine Livingstone, da Telstra:

> Surpreende-me que tantos gestores de topo não usem o seu conselho administrativo como uma simulação do mercado. Aqui estamos seguros! Podemos detectar os problemas antes que eles ocorram! Podemos dar feedback sem preconceitos! Gostaria que fôssemos melhor utilizados.

O último estudo que fiz com a Heidrick & Struggles confirmou as tendências identificadas nas minhas entrevistas (figura 8.2):

- O presidente e o conselho debatem e aprovam a estratégia.
- O CEO e a equipe executiva formulam, debatem e implementam a estratégia.
- Os diretores gerais analisam e implementam a estratégia, mas estão menos envolvidos na sua formação. A interface entre o grupo executivo e a direção geral é confirmada como uma linha de falha.
- Talvez o mais interessante seja o papel pouco definido dos subcomitês do conselho.

A QUEM PERTENCE O QUÊ?

Então, o que é de quem? Como já enfatizei, minha pesquisa mostra claramente que, em organizações de alto desempenho, a equipe de topo é a dona da estratégia e o conselho é o dono da cultura. A razão? O conselho tem de administrar e dar mentoria na implementação da estratégia por meio das linhas de falha da organização. Ele equilibra as tensões de governança entre os elementos de engajamento e alinhamento da fórmula do sucesso. A partir dessa orientação, a gestão é liberada para direcionar o caminho a seguir. Trabalhar com tal tensão requer uma compreensão íntima das pessoas e da forma como a organização opera.

A última pesquisa da Heidrick & Struggles confirma que, em comparação com entidades de desempenho médio e ruim, as organizações de alto desempenho:

- têm membros do conselho e da equipe superior que trabalham juntos há algum tempo;
- têm consideravelmente menos reuniões por ano (figura 8.3);
- passam mais tempo em cada reunião e entram num diálogo mais produtivo; e
- têm uma visão clara e compartilhada sobre os critérios de nomeação para o conselho (figura 8.4) e para a equipe superior (figura 8.5).

Tudo isso requer tempo. Esse tempo chega com um custo. Os conselheiros precisam ser pagos de acordo com a sua contribuição. Ao mesmo tempo, os membros do conselho administrativo devem reduzir a dispersão da sua carteira e concentrar-se em dois ou três conselhos, em vez de quatro ou mais.

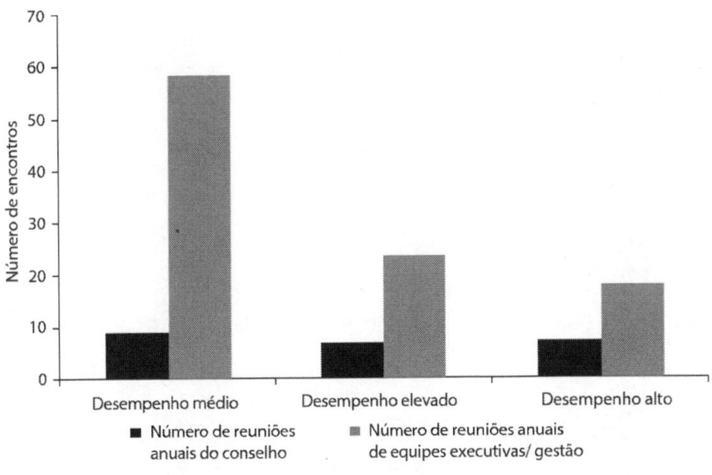

Figura 8.3 Número médio de reuniões anuais

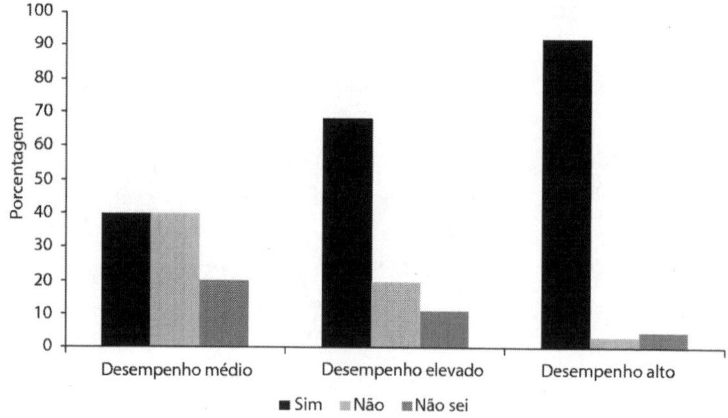

Figura 8.4 Visão compartilhada dos critérios de nomeação do conselho

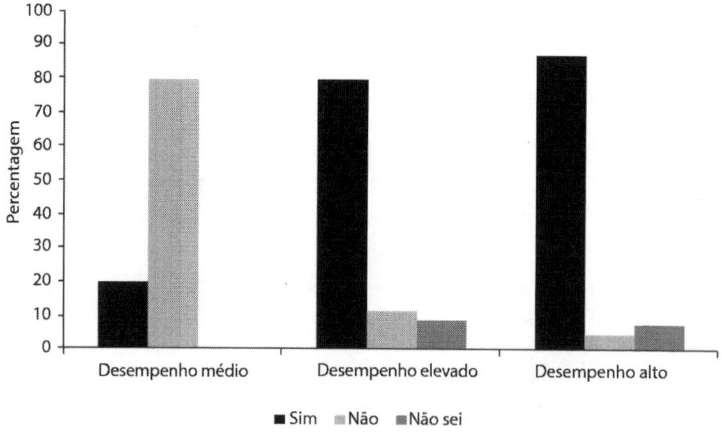

Figura 8.5 Visão compartilhada dos critérios de nomeação da equipe executiva/ gestão

Há um impedimento adicional para que os conselhos sejam donos da cultura, e isso é de conhecimento comum. Em *McKinsey Quarterly*, Chinta Bhagat e Conor Kehoe examinam o que está na agenda dos conselhos administrativos de alto desempenho. A estratégia ocupa o primeiro lugar, enquanto a saúde organizacional e a gestão de talentos são a quarta posição na lista das seis prioridades em termos de investimento de tempo dos membros do conselho.[8] A mudança de mentalidade dos conselhos administrativos para se apropriarem da cultura é substancial.

A DISCIPLINA DA GOVERNANÇA: EM RESUMO

- A equipe de topo é dona da estratégia.
- O conselho é dono da cultura.
- É a mentoria que faz a diferença na governança. Essa administração requer tempo, compromisso e consideração de como e com quem se envolver.
- Os conselhos menosprezam a mentoria em favor da fiscalização. Isso é perigoso.
- Os conselhos precisam orientar a execução da estratégia por meio das linhas de falha de governança.
- Os conselhos precisam se aprofundar na organização.

PERGUNTAS-CHAVE

- Se eu falasse separada e confidencialmente com meu CEO e presidente, o que cada um me diria sobre quem é o dono da estratégia, a equipe de topo ou o conselho?
- Você quer que a administração seja dona da cultura?
- Os diretores são capazes de serem os donos da cultura e têm tempo para isso?
- Você sente que a diretoria está em contato com a realidade da organização?
- O que será preciso para perceber esse nível extra de engajamento entre o conselho, a equipe de gestão e o resto da organização?

- O conselho agrega valor?
- Se não, por que não o faz e o que seria preciso para que esse valor extra se realizasse?
- Como realmente é praticada a governança e o que os diretores gerais e o resto da organização experimentam? É constrangimento e burocracia ou alguma contribuição tangível e agregadora de valor?

9

DISCIPLINA 7

SABEDORIA

Uma oração conhecida, atribuída ao teólogo americano Reinhold Niebuhr, é adequada para CEOs e gerentes seniores:

> Deus, dá-me a serenidade de aceitar as coisas que não posso mudar,
> A coragem de mudar as coisas que posso,
> E a sabedoria para saber a diferença.

Sabedoria, então, é a disciplina final. Muitas vezes ela é desenvolvida com dificuldade, por meio de anos de experiência. E, ao contrário de tantas outras coisas na vida, torna-se mais potente com a idade. A sabedoria vem da reflexão e da vontade de continuar aprendendo.

Sócrates foi chamado de pai da sabedoria. Uma história famosa fala de Sócrates visitando o Oráculo de Delphi. Quando pergunta ao Oráculo quem é o mais sábio de todos, ela responde que é Sócrates. Espantado, Sócrates argumenta como muitos outros povos têm mais conhecimento e sabedoria do que ele e como, por comparação, não alcança seus padrões. Tal é a qualidade fundamental da sabedoria: humildade e falta de arrogância.

Não sabemos o que Sócrates escreveu (ou mesmo se ele escreveu), pois nenhum de seus trabalhos sobreviveu. Mas Platão escreveu sobre seu amado mestre e, mais tarde, Aristóteles, que foi aluno de Platão. Baseando-se em Sócrates, Aristóteles escreveu sobre frônese, sabedoria prática ou, melhor dizendo, a sabedoria que dirige a prática. Na interpretação aristotélica, sabedoria é o saber-fazer, tanto factual quanto racional, e também saber viver e ter sucesso em viver bem. Na verdade, Sócrates resumiu a noção de sabedoria na sua famosa frase "a vida não examinada não vale a pena ser vivida".

SABEDORIA BASEADA EM EVIDÊNCIAS

A reflexão é muitas vezes uma evidência escassa nas empresas modernas. O mesmo se aplica à verdade. A negação da deterioração do valor do desempenho — destruição do valor — é, como verão agora, espantosamente banal. Foi isso o que aconteceu na IBM nos anos 1980. Este foi um exemplo fantástico de uma empresa que se comportava sem sabedoria prática.

Para saber mais sobre o que realmente aconteceu na IBM durante esse período, e como a empresa se recuperou e se reinventou, conversei com Doug Elix, agora aposentado após uma longa e bem-sucedida carreira na empresa, onde foi vice-presidente de vendas e distribuição executiva.

Décadas mais tarde, é fácil esquecer que a IBM quase entrou em colapso. Foi apenas com a intervenção de Lou Gerstner na hora certa que ela deu a volta por cima. Quando conversamos, perguntei a Doug sobre o que deu errado e as lições que deveriam ser aprendidas — e foram:

> Passamos a ser cativos de uma abordagem ao mercado que tinha sido bem-sucedida durante tanto tempo que sentíamos que nunca mais acabaria, e que seria sempre produtiva e rentável. Nós falhamos na atuação de uma transformação fundamental do mercado — o PC e a era de serviço ao cliente, em que a Microsoft e outras nasceram e se tornaram gigantes.

> Em vez de nos ajustarmos à tendência e transformarmos a empresa, lutamos contra, colados aos nossos antigos *mainframes*, deixando a empresa completamente superestruturada para o negócio que restou. Foi basicamente uma relutância em realizar uma mudança fundamental da indústria.

O que talvez seja o aspecto mais interessante da história da IBM é que havia muitas pessoas na empresa expressando preocupações. As evidências estavam à frente dos seus olhos, e elas tentaram desesperadamente chamar a atenção dos colegas. Podiam ver a borda do precipício e avisavam as pessoas sobre sua aproximação iminente. A opinião alternativa estava lá, mas não foi ouvida. Segundo Doug Elix:

> Houve quem se manifestasse, mas as suas opiniões não foram aceitas. Em muitos casos, foram consideradas perturbadoras e fora da linha da empresa.

De fato, a IBM escreveu artigos estratégicos sobre isso. A empresa tinha vícios reconhecidos. Um exemplo clássico foi o da rede IP. A IBM ficou presa à sua própria arquitetura de rede enquanto o mundo inteiro estava se movendo para o padrão IP. As vozes dentro da empresa diziam que ela tinha que mudar ou perderia, mas vozes seniores diziam que não, que eles não sabiam o que estavam fazendo, que ficariam com os próprios padrões. Como resultado, a empresa perdeu.

"Houve algumas vezes na IBM em que isso aconteceu", explica Elix. "Uma foi a era do serviço ao cliente, da qual a Microsoft e a Intel se tornaram as principais beneficiárias, e a segunda foi a era da rede IP, na qual a Cisco se tornou a notável beneficiária. Se tivéssemos reagido prontamente, algumas dessas capitalizações de mercado poderiam ter sido nossas."

Ouvindo os antigos funcionários da IBM, perguntei-me de que forma esse debate sobre o futuro da empresa foi realizado. Que tipo de dados e análises foram apresentados? Ou foi um debate alimentado por opiniões? As provas utilizadas baseavam-se em dados, mas eram imperfeitas, porque omitiam a contagem de qualquer desvantagem. Isso reconheceu oportunidades potenciais enormes, mas presumiu que o negócio existente da empresa não seria modificado.

SABEDORIA PREJUDICIAL

O caso da IBM é um lembrete da noção de inovação prejudicial, do professor Clay Christensen. O trabalho de Christensen analisa, ao longo de muitos anos, por que tantas empresas bem administradas lutam para lidar com a inovação radical em seus mercados. Essas empresas frequentemente falham, sugere ele, porque as próprias práticas de gestão que permitiram que elas se tornassem líderes da indústria também dificultam extremamente o desenvolvimento de tecnologias disruptivas que, em última análise, roubam seus mercados.

Christensen e Joseph Bower cunharam a ideia de "tecnologias disruptivas". Eles afirmam: "Um dos padrões mais consistentes nos negócios é o fracasso das empresas líderes em permanecerem no topo das suas indústrias quando as tecnologias ou os mercados mudam."

Por exemplo, a Goodyear e a Firestone entraram no mercado de pneus radiais tarde; a Sears deu lugar ao Walmart; a Xerox deixou a Canon dominar o pequeno mercado de copiadoras; e a Bucyrus-Erie permitiu que a Caterpillar e a Deere assumissem o mercado de escavadoras mecânicas. Mas o exemplo mais marcante deste fenômeno é a indústria informática.

A IBM dominou o mercado de *mainframe*, mas foi lenta para responder ao surgimento dos minicomputadores, que eram tecnologicamente muito mais simples que os *mainframes*. A empresa Digital Equipment (lembram-se dela?) dominava o mercado dos minicomputadores, mas por sua vez não tinha acesso ao mercado dos computadores pessoais (PC).

Estas observações levaram Christensen e Bower a se perguntarem: "Por que empresas como essas investem agressivamente — e com sucesso — apenas nas tecnologias necessárias para manter seus clientes atuais, mas não conseguem fazer certos investimentos tecnológicos que os clientes do futuro exigirão?"

Ao responder a esta pergunta, Christensen e Bower argumentam que a burocracia, a arrogância, o cansaço, o mau planejamento e os horizontes de investimento de curto prazo desempenham um papel importante. Mas há uma razão mais fundamental: há um paradoxo básico no trabalho — e é esse paradoxo que dá origem ao *Dilema do inovador*, título do livro de Christensen de 1997.

No centro deste paradoxo está a percepção de que "as empresas líderes sucumbem a um dos dogmas de gestão mais populares e valiosos: elas ficam perto dos seus clientes".

Quando uma nova tecnologia é introduzida pela primeira vez, embora possa ser mais barata, normalmente não será tão boa quanto a tecnologia existente ou que já existiu. Isso não é de se surpreender, pois a nova tecnologia ainda não foi refinada e aperfeiçoada. Neste ponto, se as empresas que a fornecem perguntarem aos clientes se eles querem a nova tecnologia, a resposta será quase sempre não. É menos confiável e menos atraente.

Além disso, a empresa já está ganhando boas margens com suas inovações tecnológicas existentes e tem pouco incentivo para investir em novas tecnologias, que eventualmente competirão com seus produtos existentes e ganharão margens menores. Consequentemente, as empresas já estabelecidas não têm qualquer incentivo para desenvolver a nova tecnologia que, com o tempo, irá perturbar os seus mercados.

Ao longo do tempo, porém, a nova tecnologia é aperfeiçoada para oferecer muitos dos mesmos benefícios a um preço mais baixo. Neste ponto, os clientes que costumavam preferir a tecnologia incumbente querem a nova e abandonam o seu antigo fornecedor. Este, em essência, é o dilema do inovador: desenvolver novas tecnologias que seus clientes não pensam que querem e que te dará lucros mais baixos? Ou continuar a investir na melhoria de produtos que seus melhores clientes adoram?

Este dilema percorre indústria após indústria. O que o modelo de Christensen sugere é que o perigo para uma empresa líder geralmente surge quando um produto inferior e mais barato entra no mercado. Ao longo do tempo, essa tecnologia mais barata evolui e sobe na cadeia de valor para deslocar a tecnologia dominante.

A indústria de computador é uma boa ilustração deste processo em ação. Minha pesquisa sugere que outro aspecto do dilema do inovador reside na relutância dos diretores seniores em enfrentar as mudanças que estão prestes a impactar seus mercados. Aparentemente, eles não estão dispostos a adotar novas tecnologias e outras inovações que corroam suas margens com seus melhores clientes, e parecem não acreditar que há evidência de que a mudança está prestes a engoli-los, mesmo quando ela está parada bem na sua frente. Eles parecem entrar em negação, esperando que seu próprio modelo de negócios não seja afetado por mudanças em outros lugares de seu mercado ou outras indústrias.

Um estudo recente mostra uma imagem diferente. Em vez de negar, tanto a equipe de gestão quanto o conselho administrativo estão perfeitamente cientes das suas circunstâncias. Seu desafio é como mudar os recursos e a experiência e ainda manter os clientes e acionistas satisfeitos.

"Teríamos que não ter tido lucro por quase cinco anos enquanto reposicionávamos nosso pessoal, a organização e nossa experiência. Teríamos que ter nos tornado uma nova organização enquanto os nossos clientes nos queriam como nós éramos e os nossos acionistas estariam tão exigentes como sempre. Como se faz isso, torna-se algo que não é e ainda mantém tudo sob controle? Sim, você tem que ver o mundo como ele é, mas, às vezes, o que isso lhe diz é que você vai fracassar. Certas mudanças são muito grandes", disse um dos presidentes da comissão, refletindo para mim sobre um desafio de mudança que o derrotou.

A sabedoria de liderar por meio da descontinuidade é ver o mundo como ele é e, por vezes, também reconhecer a verdade desagradável de que a extensão dos recursos e do investimento é muito grande. O presidente continuou:

"Então, fizemos a segunda melhor coisa que podíamos. Fizemos o negócio com humanidade, protegendo nossos acionistas como pudemos, encontrando empregos para nossos funcionários sempre que pudemos e sendo honestos com nossos clientes."

PENSAMENTO TELESCÓPICO

A IBM aprendeu suas lições e incorporou o aprendizado à organização. A empresa mudou de um telescópio de valor apontado para o passado, para um caleidoscópio de valor focado no futuro. O ponto de partida foi ver o mundo como ele realmente é, com todos os seus padrões de mudança. Na próxima vez que foi provocada para mudança, a companhia foi decisiva. Doug Elix explica:

> Tendo quase fracassado, a próxima mega tendência enfrentada pela IBM foi a internet, novas formas de implantar a infraestrutura de computação, novos tipos de *software* e servidores, e assim por diante.
>
> Vimos que essa era uma outra mudança de vida ou morte e precisávamos nos reestruturar para fazer as coisas de forma diferente. Nós inventamos o termo *e-business*, o que não é lembrado por muitas pessoas, e fomos transformando todas as nossas ofertas de *hardware*, *software* e serviços para acomodar o mercado. Dessa vez, fomos a grande beneficiária da mudança do mercado.

A empresa voltou a fazer o mesmo cerca de cinco anos depois, quando percebeu a importância dos serviços. A empresa foi à luta e criou a IBM Global Services, que agora gera receitas de 57 bilhões de dólares (2013). E realizou isso sem enfrentar um evento cataclísmico.

SABEDORIA REFLEXIVA

Pode parecer incrivelmente distante, mas acredito que a ideia de sabedoria e a tradição socrática se aplicam muito a uma empresa moderna do século XXI. Muitos dos líderes da minha pesquisa eram pessoas reflexivas, dedicadas continuamente a aprender mais.

"Ainda estou aprendendo," me disse Sam Su, da Yum! Brands. "Todos os dias na China, gerir um negócio é sempre uma grande aprendizagem. Desde o dia em que cheguei, percebi que tinha de aprender a gerir uma *joint venture*, aprender a recrutar pessoas num ambiente difícil, e que tinha de compreender, aceitar e realmente obter apoio para as minhas ideias. Mas, em geral, qualquer pessoa que venha à China perceberá que este é provavelmente o trabalho mais difícil e desafiador para qualquer diretor geral."

Compreender, aceitar e obter apoio é o que Sam Su considera vital para um líder que opera na China. Essas três qualidades são fundamentais para a entrega de valor sustentável. Mas os comentários de Sam Su também implicam sabedoria, uma atividade reflexiva silenciosa importante para repensar como operar em situações adversas ou novas.

SABEDORIA AMADURECIDA

Um senso de reflexão e uma sabedoria acumulada por meio da experiência estavam fortemente presentes quando falei com Stephen Chipman, CEO da Grant Thornton LLP (a firma americana membro da Grant Thornton International). Ele é membro do conselho global e dirige o escritório americano, que responde por cerca de um terço de receitas, clientes e funcionários da empresa.

Chipman começou sua carreira na Grant Thornton em seu escritório em Plymouth, no Reino Unido, onde ele treinou como contador oficial. Ele queria a oportunidade de viver e trabalhar no exterior, e se mudou para os Estados Unidos com a empresa em meados da década de 1980 em uma missão de dois anos, que foi prorrogada. Ele então passou quatro anos em Hong Kong, sendo responsável pela construção e o desenvolvimento da plataforma Ásia-Pacífico da empresa. Após outro período nos Estados Unidos, liderou o desenvolvimento da firma na China. No final dessa designação, mudou-se para Chicago para assumir o papel de CEO americano.

Falando de seu escritório, Stephen Chipman guiou-me pelo seu processo de aprendizagem:

> Mudar para o Texas em meados da década de 1980 foi um grande choque. Era drástica a forma como as coisas eram diferentes nos Estados Unidos e como, naquela altura, os Estados Unidos eram muito insulares, em termos

das opiniões de muitas pessoas e da sua compreensão do Reino Unido e de outras partes do mundo. Então, havia essa questão.

Depois, a questão pessoal, a construção de relações, a compreensão dos pontos de vista das pessoas, de sua mentalidade em torno de várias questões, de sua visão de aspectos técnicos do trabalho, de sua visão como contabilistas — tudo isso era muito diferente da visão de um contabilista no Reino Unido. E depois, a nível profissional, compreender como a empresa opera, como as pessoas interagiam dentro da organização, a natureza competitiva de fazer negócios aqui nos Estados Unidos, a ética do trabalho, a cultura de natureza orientada para resultados, a velocidade e a energia na forma como as pessoas lidavam com o trabalho — não que não haja velocidade e energia em outros países, mas foi um tipo diferente de dinâmica aqui nos Estados Unidos.

Stephen Chipman enfatiza que a transição para um contexto de verdadeira apreciação leva tempo, não é fácil, e não é possível a menos que cada pessoa tenha uma mentalidade aberta para entender o que é realmente necessário "para fazer as coisas acontecerem por aqui".

Então, estava passando por isso tudo ao mesmo tempo, e foi bastante avassalador. Demorou muito mais tempo para resolver e avançar do que eu pensava. Aconteceu o mesmo quando fui para a China. Quanto mais tempo se está em uma cultura, mais você consegue perceber que não a conhece. Depois de três meses, você acha que tem tudo resolvido, depois de seis começa a perceber que talvez não tenha, e depois de dois anos percebe que não sabia nada e agora sabe menos do que sabia quando começou.

Isso aconteceu comigo quando me mudei para os Estados Unidos e aconteceu comigo quando me mudei para a China. Quanto mais tempo você estiver em contato com uma cultura que não é a sua cultura natal, mais percebe o quão pouco sabe.

Obviamente, as culturas chinesa e americana são extremamente diferentes e foram experiências distintas. Em termos de semelhanças, eu diria que o reconhecimento — eu chamo isso de síndrome do novo bebê, uma vez que você aceita o fato de ser um recém-nascido novamente e que tem que começar a absorver tudo o que está a sua volta, porque está aprendendo tudo de novo — foi uma característica comum.

Outra característica comum foi o reconhecimento de que tudo se torna muito mais fácil — não fácil, mas mais fácil — quando se percebe que não há um certo ou um errado, mas que as coisas podem ser feitas de formas diferentes e está tudo bem, e você não tem que avaliar constantemente se é o caminho certo ou errado. Uma vez que aceite que é feito de forma diferente, essa aceitação abre a porta para uma experiência muito mais produtiva e recompensadora.

Parar de julgar novas experiências ajuda consideravelmente a apreciar a compreensão e a respeitar a diferença. Com efeito, Chipman enfatiza a diversidade de pensamento necessária para poder apreender o trabalho em novas realidades. No entanto, isso é mais fácil de ser dito do que feito:

Inicialmente, continuei tentando forçar o que eu sabia, que vinha do Reino Unido, para o que precisava ser realizado nos EUA. Veja um exemplo simples: relatórios financeiros. Como eu era uma pessoa jovem, era muito certo do que estava fazendo. Em vez de me confrontar com o fato de se tratar de uma abordagem totalmente diferente da informação financeira nos EUA e de ser uma forma totalmente diferente de olhar para as demonstrações financeiras, colocando informação, escrevendo as notas das declarações, continuei tentando conectar o que aprendi no Reino Unido e forçar essas ideias no sistema americano. Acho que isso foi, na verdade, uma espécie de metáfora para toda a experiência: você continua tentando traduzir, em vez de dizer, bem, eu tive essa experiência interessante em minha vida anterior e agora preciso colocar isso de lado; use-a como rascunho, mas não tente reproduzi-la totalmente aqui.

A outra questão foi que, no início, achava muito difícil aceitar as opiniões de outras pessoas sobre questões que eu julgava que elas não sabiam tanto sobre. Eu também era mais novo, mas era difícil para mim manter um nível de paciência e aceitação, via-me entrando em alguns debates bastante acalorados com as pessoas, em que ficava muito frus-

> trado porque sentia que estavam cheias de opiniões e não se baseavam em fatos. Acho que não foi muito produtivo.
>
> Eu aprendi a ser mais tolerante e a reconhecer que as pessoas vêm de diferentes origens e ganham diferentes perspectivas como parte de sua origem.

Lembrem-se de Cícero. Seu questionamento é repetido constantemente. Aprender *in vivo* faz essa diferença crucial, mas o que Chipman acrescenta é que isso só pode ser alcançado por meio de uma mentalidade de humildade e tolerância:

> Tudo isso foi um grande aprendizado e parte de um processo de amadurecimento. Eu ainda estava na casa dos vinte e poucos anos, descobrindo quem eu era. Quando me mudei para a Ásia, alguns dos maiores aprendizados eram em torno da questão de aceitar que as coisas podem ser feitas de forma diferente.

Stephen Chipman deu uma entrevista esclarecedora. Sua carreira era interessante, mas o fascinante era como ele tinha dado sentido às suas experiências e aprendido com elas. Havia uma sensação real de que as suas experiências o tinham levado a compreender melhor a si próprio. Ele tinha adquirido sabedoria por meio da experiência.

CAPTURANDO A SABEDORIA ATUALMENTE

Guia útil, coach e conselheiro são grandes demandas da atualidade. É um trabalho importante e bem recompensado. A necessidade de haver alguém que fale sobre os desafios enfrentados, que possa aconselhar, refletir e comentar de forma não julgadora exige um elevado nível de remuneração. A sabedoria é um trabalho importante. Seu processo é suave e lento, mas profundamente penetrante, forçando quem o busca a refletir profundamente sobre suas ações e suas razões para elas. Em sua obra "Aristotle Meets Positive Psychology", Barry Schwartz e Ken

Sharpe argumentam que a sabedoria é a "virtude fundamental para resolver os problemas de especificidade, relevância e conflito que surgem — sempre que as forças de caráter precisam ser traduzidas em ação em situações concretas".[1]

Quando confrontados com dilemas, a única alavanca viável a se utilizar é a sabedoria. No entanto, os mesmos autores argumentam que, apesar de sua profunda relevância, a sabedoria prática é cada vez mais difícil de ser desenvolvida e exercida. A demanda para resolver problemas imediatamente, mesmo quando eles são insolúveis, em vez de trabalhá-los pacientemente, envolvendo outros e aproximando-os de você, é fundamental para o processo de resolução de problemas. Como se pode resolver um paradoxo? Um paradoxo só pode ser trabalhado, algumas dolorosas vezes, com aqueles que se importam. A resiliência e o compromisso de levar as coisas até o fim são tanto uma parte da sabedoria quanto da reflexão.

SABEDORIA DA APRENDIZAGEM

Perguntei ao CEO da Whirlpool, Jeff Fettig, o que mais gostava em suas inúmeras postagens e trabalhos internacionais. "O aprendizado puro", respondeu ele, continuando a descrever as alegrias e os desafios de viver na Itália e em outros lugares. Tem que querer aprender.

Um amigo, reitor de uma escola de negócios internacional, saiu de uma reunião desanimadora com clientes corporativos e comentou: "Se ao menos pudesse engarrafar sabedoria, esta seria a escola de negócios mais rica e famosa de todas." A razão de seu comentário foi sua frustração em lidar com clientes que aparentemente mudavam de opinião e posição constantemente, mas culpavam outros por não terem encontrado a solução que exigiam. O reitor queria saber como lidar com o "comportamento irracional".

As provas mostram que isso não é possível. Meus estudos sobre presidentes de companhias mostram que quanto mais velhos forem, mais capazes são de liderar o conselho. O recente relatório dos Conselhos da Ásia-Pacífico da Heidrick & Struggles concorda com isso. Os que se destacam são aqueles que não emitem comandos nem impõem sua vontade, mas são capazes de trazer à tona as questões reais e, especialmente, as negatividades que prejudicam o andamento da empresa. Tais presidentes são proficientes em trabalhar com complexidade, mas uma complexidade que não lida apenas com problemas racionalmente multivariados, mas também que envolve a administração de emoções e conflitos prejudiciais. Fazer sentido, combinado a gerar sentido, fornece a capacidade de integrar o passado, o presente e o futuro — e assim desenvolver a poderosa capacidade de quebrar os sentidos.[2] A quebra de sentido permite que as pessoas abandonem o passado, ponham de lado os hábitos de ontem, e atrai a participação plena de todos os interessados. Essa é a essência da formação de consenso nos conselhos por meio da orientação para os resultados desejados, abordando os desafios do negócio e da organização, bem como superar as negatividades e minar as emoções.

Por que alguém mais velho? Porque essas pessoas são capazes de controlar seu ego, têm menos necessidade de projetar sua personalidade, e são mais eficientes em conquistar outros em circunstâncias exigentes. Eles já viram tudo isso antes, mas suas sensibilidades ainda estão abertas à novidade.

NEUROSÁBIO

Pesquisas em neurociência descobriram que, com a idade, os idosos desenvolvem uma habilidade de bilateralização. Eles são capazes de usar ambos os lados dos seus cérebros em vez de apenas um. Assim, enquanto os jovens adultos dependem do lobo frontal direito, os adultos mais velhos usam o lobo frontal direito e o esquerdo. Além disso, pesquisas em neurociência realizadas por Barbara Strauch revelam que a quantidade de mielina, a substância gordurosa (80% lipídica, 20% proteica) que isola as fibras nervosas, continua a aumentar bem na meia-idade (atingindo um pico aos cinquenta anos e, em alguns casos, quando as pessoas estão na casa dos sessenta anos), o que aumenta a capacidade de processamento das células do cérebro.[3] O aumento da mielina parece aumentar a capacidade do cérebro em até três mil por cento, sugerindo que a biologia cerebral está por trás de uma pessoa se tornar um adulto sábio de meia-idade, e que os idosos são muito melhores em controlar e equilibrar suas emoções com o cérebro mais maduro e menos dependente de dopamina, tornando-os menos impulsivos e menos guiados pela emoção. O neurocientista que liderou o estudo disse que esse aumento na mielina pode alavancar a capacidade do nosso cérebro em até três mil por cento, e é "a biologia cerebral por trás de se tornar um sábio adulto de meia-idade".[4]

No Congresso Internacional do Royal College of Psychiatrists, observou-se que as pessoas mais velhas são capazes de recorrer a reservas cerebrais adicionais, o que lhes permite chegar à conclusão de uma discussão mais rapidamente do que uma pessoa mais jovem, e são capazes de analisar situações mais acuradamente, bem como resolver problemas.[5] Pesquisas mostram que a quantidade de mielina aumenta nas partes do cérebro que mais usamos, os lobos frontais, que controlam a emoção, a tomada de riscos e de decisões; assim como os lobos temporais, que são responsáveis pela linguagem, a música e o humor.

As boas e más notícias aqui se relacionam com dois tipos de cognição: fluida e cristalizada. Até os quarenta anos, é provável que as pessoas tenham uma mentalidade que os neurocientistas chamam de fluida. Isso significa que seu conhecimento é fluido; sua mente pode agir como água fluindo em qualquer lugar. Pode lidar com problemas, lembrar os nomes das pessoas, lidar com números, se comunicar, e assim por diante. São transacionalmente competentes, mas isso não significa que as coisas aconteçam com tranquilidade. Neste ponto, os indivíduos podem começar a dar valor à sabedoria.

A cognição cristalizada significa que, diante de um desafio, as pessoas são capazes de identificar as interfaces, pessoas, emoções, culturas, pensamento estratégico e diverso de que precisam, e então têm a habilidade de liderança para se manter no controle. A capacidade de cognição cristalizada começa a realmente aparecer por volta dos sessenta anos de idade. Pessoas mais velhas, especificamente, demonstram uma maior capacidade de raciocinar e trabalhar por meio de dilemas e conflitos sociais. Em relação aos jovens e às pessoas de meia-idade, os idosos recorrem mais ao raciocínio de ordem superior, o que resulta na sua capacidade de adotar múltiplas perspectivas. Saber como se envolver, ou, pelo contrário, como não alienar outras pessoas, permite um comprometimento e uma capacidade de reconhecer o que realmente pode ser alcançado situação por situação. O raciocínio social melhora com a idade, apesar do declínio da inteligência fluida. O sonho de qualquer organização deve ser pegar a sabedoria de uma pessoa de setenta anos e colocá-la em uma de quarenta.

Curiosamente, outros estudos descobriram que as pessoas de meia-idade superam as mais jovens. Por exemplo, um estudo com 118 pilotos com idades entre 40 e 69 anos mostrou que os participantes mais velhos tiveram melhor desempenho que seus colegas mais jovens ao evitarem colisões de trânsito usando simuladores.

Resultados de pesquisas recentes sugerem que pode ser aconselhável atribuir papéis sociais chave envolvendo decisões legais, aconselhamento e negociações intergrupais a indivíduos mais velhos. Além disso, como a inteligência cristalizada pode continuar melhorando com a idade, muitas pessoas continuam a adquirir conhecimentos e habilidades em áreas específicas ao longo da vida.

Assim, os nossos resultados acrescentam a este corpo de conhecimento que os presidentes mais velhos têm pontos fortes associados ao envelhecimento. Os presidentes mais antigos lidam melhor com assuntos em que são necessárias desconfiança e deliberações, tais como lidar com questões estratégicas sensíveis ou egos individuais, bem como explorar como as coisas podem ser diferentes da forma como são, por exemplo como as condições de uma organização ou sociedade podem ser melhoradas. Além disso, são melhores em usar sua faculdade de opinião para julgar assuntos relacionados ao que é certo e errado para um conselho, uma empresa e/ ou para a sociedade como um todo.[6]

DILEMAS E SABEDORIA

Em conversa com um presidente de renome mundial, ele comentou sobre a natureza dos maiores desafios que tinha enfrentado: "O conselho é o local de encontro dos dilemas. A direção pode tomar medidas para resolver esses dilemas, mas é o conselho que tem de encontrar o caminho por meio das situações difíceis."

Os presidentes dos conselhos administrativos de todo o mundo fizeram esta confissão. O que é um dilema? Um dilema é uma situação sem vitória. Seja como for que se olhe para as coisas, está errado. A reconciliação dos dilemas requer grande sabedoria para encontrar caminhos por meio dos quais os presidentes podem minimizar danos e prejuízo à reputação enquanto ainda mantêm o engajamento com os principais stakeholders.

Os dilemas têm sempre conotações éticas: o que é certo e o que é errado de ser feito em várias circunstâncias? Ética vem do termo grego *ethikos*, que significa costume ou uso. O caminho por meio de uma prática comum inaceitável é refletir e considerar caminhos alternativos, o que requer não só um QI de peso considerável, mas também força de caráter, uma mentalidade de compromisso e padrões pessoais irrepreensíveis.

Comumente, os termos ética e moral são usados indistintamente. Isso é compreensível, pois ambos estão preocupados com a conduta, as regras e os resultados apropriados. Com efeito, a diferença entre eles é nosso senso de certo e errado; o que é chamado de ético ou antiético é derivado de nosso senso de moralidade. Assim, embora os dois conceitos estejam entrelaçados, preocupados com regras, conduta e resultados, é fundamental que cada indivíduo desenvolva sua própria plataforma moral, que atua como base para suas ações.

As escolhas sobre ética e moral exigem a tomada de decisões, recorrendo à lógica, ao pensamento dedutivo e ao pensamento irracional, bem como às emoções, que determinam as escolhas — como as pessoas se sentem em relação às suas circunstâncias. Embora o comportamento de escolha varie de indivíduo para indivíduo, a forma como fundamentalmente pensam e sentem tem dois padrões distintos.

Um deles é conhecido como *teleologia*, em que o padrão de pensamento e sentimento do indivíduo é determinado pela forma como os outros pensam e pelas emoções predominantes que determinam a opinião em qualquer situação. O outro é *deontológico*, caracterizado por uma independência de mente e caráter e pela busca do que o indivíduo considera certo, independentemente da consequência.

O indivíduo teleológico superestima o engajamento e ressalta o alinhamento. A pessoa deontológica é exatamente o oposto, quase ao ponto de ser insensível ao engajamento. Estas são duas mentalidades de contraste. Sob pressão, o primeiro pode sentir-se constrangido — o que os outros vão pensar de mim? O segundo não se relaciona facilmente com constrangimentos, é mais provável que esteja preocupado com direitos — eu estou sendo tratado com respeito? Numa crise em que ambos se baseiam em seus padrões, provavelmente não conseguem sequer concordar se é dia ou noite.

"Sigo, senão pela graça de Deus", disse-me um banqueiro sênior. Ele estava discutindo confidencialmente as atividades de seu banco antes da crise financeira global de 2008:

> Sim, sabíamos que muitos desses instrumentos financeiros eram arriscados, mas todos estavam inundando o mercado com eles e todos nós estávamos ganhando dinheiro. Depois de um tempo parecia normal, embora soubéssemos que estávamos mexendo com investidores e pessoas comuns que estavam usando suas economias de vida para proporcionar uma renda para o seu futuro.

A noção de ser conduzido por outros tem as suas raízes na Grécia antiga. Um indivíduo com mentalidade teleológica é considerado ético ou antiético de acordo com as normas e visões compartilhadas das circunstâncias atuais. Se você pensa mal de mim, é improvável que eu faça o que precise, disse o banqueiro, mas se eu receber um elogio, posso fazer a mesma coisa duas vezes.

O grande filósofo alemão Emmanuelle Kant foi o campeão da teoria deontológica da ética. De acordo com Kant, certos princípios universais dominam toda a vida e estão acima das exigências de contexto, circunstâncias, famílias e indivíduos. Então, Kant promoveu a noção de virtude absoluta. A filosofia deontológica denota um profundo sentido moral e requer força ou caráter considerável para cumprir deveres. Sob a filosofia teleológica, os fins justificam os meios, especialmente se a comunidade for se beneficiar. Sob a filosofia deontológica, é impossível que os fins justifiquem os meios, pois o único caminho certo e moral a seguir é fazer o que é correto — mesmo que ninguém ganhe, pelo menos as ações certas foram realizadas.

TRÊS DILEMAS

A sabedoria é continuamente testada em organizações. Aqui estão três dilemas que encontrei, frequentemente, de uma forma ou outra. Dependendo da orientação teleológica ou deontológica da pessoa em questão, cada dilema pode ser tratado de forma diferente.

O dilema da sensibilidade

Como destacado anteriormente, tensão, discordância e inibição são a norma em muitas organizações, e a realidade é que qualquer diretor sênior tem de enfrentá-las ou testemunhará a lenta erosão de sua empresa diante de seus olhos. O dilema das sensibilidades é como lidar com as diferenças de visão, estratégia e táticas e emergir com uma gestão alinhada.

Essas diferenças não são superficiais; os melhores tomadores de decisão apuram seus casos e têm detalhes substanciais que sustentam a sua posição. Na verdade, a equipe de topo é um fórum de lógicas alternativas razoavelmente bem estruturadas. Devido à natureza dos argumentos contrastantes, encontrar um caminho não é fácil e, quanto mais tais tensões existirem, mais provável será que a animosidade pessoal assuma a lógica. Ter uma visão diferente da do seu colega pode, depois de algum tempo, transformá-lo em vilão. As animosidades pessoais devem ser substituídas pelo comprometimento com a equipe e com o todo para que seja muito mais fácil lidar com as questões conflitantes enfrentadas pela equipe superior e pelo conselho. Em última análise, os sacrifícios têm de ser feitos e os compromissos, alcançados. O caminho a ser seguido é criar um ambiente em que haja o compromisso com a aceitação, e não tentar envolver perspectivas que batam de frente uma com a outra.

Um presidente com quem falei destacou o trauma que sofreu ao lidar com o dilema da sensibilidade:

> Isso realmente me sobrecarregou, porque tinha construído um relacionamento muito bom com meus colegas do conselho e com a equipe de gerenciamento. Passei muito tempo apoiando e treinando o CEO. Como indivíduos, nos dávamos muito bem, mas como líderes tínhamos mentalidades diferentes. Permiti que os meus sentimentos pessoais e o gosto pelo CEO entrassem no caminho. Eu deveria ter agido mais cedo, mas de certa forma perdoei o que ele não poderia alcançar e passei um tempo enorme treinando-o por meio dos desafios que enfrentaria em seu cargo. Estava claro para todos, e finalmente ficou claro para mim, que tinha que deixá-lo ir. Achei isso muito difícil. Foi doloroso enfrentar meus colegas, pois alguns sentiram que eu tinha traído o CEO e outros que eu deveria ter agido mais cedo. O tempo passou, mas em certos dias ainda penso naquela época e naquele conselho e ainda sinto o dilema de enfrentar as pessoas que pareço ter desiludido.

Os líderes que são naturais no engajamento são assim porque *sentem* o seu contexto. Eles são parte dele e, portanto, trabalham dentro desse contexto. São teleológicos na sua filosofia, e esses sentimentos são profundos. Quebrar fronteiras e relacionamentos que foram construídos por algum tempo é prejudicial — daí o dilema entre manter relacionamentos e fazer a coisa certa. Alguém menos sensível contextualmente e mais deontológico em sua orientação não experimentará essas profundezas emocionais, mas encontrará na realização do engajamento um desafio consideravelmente semelhante.

O dilema do *timing*

A tese de Clay Christensen é a de que o *timing* para mudanças fundamentais é crítico: quando o gestor superior pode ver que um mercado vai se transformar dramaticamente, mas nem os acionistas, a imprensa, a mídia ou os clientes reconhecem essa mudança, então tentar mudar torna-se impossível. O indivíduo que realiza essas transformações na preparação para rupturas dramáticas do mercado exibe uma força de caráter considerável, mas se sente isolado. "Como posso ver o que precisa ser feito, mas mais ninguém pode?", um executivo queixou-se. Outros já viram o que precisa ser feito, mas sentem-se profundamente inibidos de discutir o assunto, pois, ao fazê-lo, estariam comprometidos a agir.

O caminho para ultrapassar esse dilema deve ser forçar as partes passivas a, pelo menos, admitir o que sabem e o que estão preparadas para fazer. O agente de mudança individual pode ainda estar isolado, mas pelo menos o debate é público.

Em um workshop para altos executivos, enquanto discutia como liderar por meio de descontinuidades estratégicas, um parceiro de consultoria comentou, esperançoso: "Deve haver uma técnica para isso. Certamente podemos estudar o *timing* e o que é preciso para agir estrategicamente para que possamos dar o salto entre a estratégia que está morrendo e a estratégia que nos fará avançar."

Se ao menos fosse assim tão simples. Uma das complicações é lidar com mentalidades diferentes. O CEO e outros membros da equipe de topo têm de implementar a estratégia e, independentemente dos potenciais ganhos a longo prazo, cada um tem de cumprir metas a curto prazo. E depois há os diretores de conselho que estão, na melhor das hipóteses, presentes em tempo parcial e, claro, os investidores, os *shareholders* e os clientes. Como pode uma técnica alinhar todas essas diferentes partes para que a diretoria possa mudar de uma estratégia para outra de muitas maneiras, estando à frente das expectativas dos clientes?

Um CEO reservado explicou como resolveu esse dilema:

> Não é técnica. É confiança. A confiança que foi construída ao longo do tempo, não em mim como CEO, mas no meu julgamento como pessoa. Essa confiança tem muitos ângulos. Sim, tem a ver com as pessoas poderem se relacionar comigo. E sim, é sobre como conseguir orientar a equipe e, ao mesmo tempo, interagir com seus membros. Mas acima de

> tudo é uma confiança na minha inteligência. É a confiança de que posso ver o que vai acontecer nos mercados, mas também posso apresentar um argumento convincente a todas as partes interessadas. Como veem, muitos dos membros da minha equipe também podem ver quando se deve ter uma estratégia de mudança antecipada, mas a verdadeira questão é saber como apresentar um argumento convincente e lidar com a repercussão do fato de estarmos desistindo de um fluxo de receitas estabelecido. Tenho de dizer que o meu QI e a minha sensibilidade ao envolvimento são os verdadeiros componentes dessa confiança. Uma vez construída, ela é defendida a todo o custo e, estranhamente, esse é o problema. Tendo estabelecido essa confiança, no momento em que meus principais colegas sabem que posso apresentar um caso convincente, fico prejudicado pelo fato de não dever quebrar a confiança. A minha espontaneidade não pode ser determinada, e o mesmo acontece com o *timing* necessário para quando mudar!

Então, voltamos ao QI, aquela inteligência de negócios que faz toda a diferença no que fazer a seguir. Os indivíduos teleológicos e deontológicos tanto carecem como têm, e desenvolvem, o QI necessário para fazer o trabalho. A inteligência e o raciocínio ético não estão necessariamente atrelados.

O dilema da transparência

O terceiro dilema é talvez o mais problemático de todos. Trata-se da transparência e do que constitui uma boa prática empresarial. Há muitos aspectos neste dilema, mas um exemplo (extremo) ilustra o desafio.

Em um seminário para o conselho administrativo de uma empresa de renome mundial, o secretário do conselho me abordou após o jantar no segundo dia e disse: "Tenho um verdadeiro dilema e não sei o que fazer." Depois de uma curta pausa, ele continuou:

> Operamos em muitas partes difíceis do mundo: Chile, Romênia, Turquia, Peru e assim por diante. Somos uma empresa de recursos minerais, negociamos com os governos, nossa posição pública é que não subornamos,

mas, na verdade, nossos lucros são baseados em suborno.

Nós nos acostumamos a isso, mas nosso novo CEO acabou de mudar as coisas, ele declarou publicamente que qualquer gestor pego subornando vai enfrentar as consequências legais de suas ações, mas sem nenhum apoio financeiro ou de qualquer outro tipo da empresa. Desde que essa declaração foi feita, fui inundado com telefonemas de gestores de diferentes país. O que devo fazer? Eles perguntam. Se eu não suborno, não gero lucros, a empresa perde e, por sua vez, eu perco o meu emprego. No entanto, se eu suborno e sou pego, sou abandonado, apesar de ser um bom e leal funcionário da empresa. Então, o que devo fazer?

Essas palavras foram ecoadas pelo secretário da empresa. Então, o que fazer? Conversamos, mas ficou claro que não se tratava de uma situação em que alguém sairia ganhando e, como guardião legal da empresa, o secretário sabia que estava totalmente implicado por ter uma disposição essencialmente simpática. Semanas mais tarde, o secretário da empresa renunciou, desagradando os gestores, que agora sabiam que tinham perdido o seu único amigo na mesa de gestão de topo.

O secretário era deontológico; os gestores dos países, teleológicos; e o CEO, como se verificou, era deontológico sobre cada indivíduo, mas teleológico sobre si mesmo. Ele aplicava aos outros padrões diferentes dos que aplicava a si próprio e a seus amigos. Não é uma situação incomum. Qualquer que seja a orientação pessoal do indivíduo, o desafio do cargo pode forçar a pessoa a comprometer sua própria consciência moral. O CEO mais tarde admitiu: "O que mais poderia fazer? Conheço a realidade da nossa organização e a forma como fazemos negócios, mas também tenho de me preocupar com a nossa reputação e a nossa imagem pública. Concluí que a reputação e a imagem pública têm de ser defendidas a todo o custo. Os gerentes de campo podem me desprezar, mas eles vão e vêm. Reputação e imagem podem vir muitas vezes, mas têm o péssimo hábito de ir embora uma só vez, e para sempre." O dilema do CEO era como ganhar e manter a confiança nessas circunstâncias.

Esse incidente não é isolado. Todos sabemos disso. A questão é se as organizações podem encontrar a sabedoria e a sinceridade necessárias para assumir o problema e gerenciá-lo. Este é um desafio crítico de engajamento.

SABEDORIA EM PRÁTICA

Os três dilemas discutidos acima representam questões espinhosas. Não seriam dilemas se não o fizessem. Pela sua natureza, são difíceis de gerir, exigindo uma mistura de pragmatismo e julgamento, guiados por uma bússola moral. Não é um contexto de respostas preto no branco, mas do exercício da sabedoria. Um dos aspectos mais interessantes (e reconfortantes) da sabedoria é que ela realmente pode aumentar com a idade. No entanto, as organizações, muitas vezes, enxergam a idade de forma limitante — um conselho com mais idade pode ser visto como um sinal de fraqueza, e não de sabedoria.

Jeff Fettig, CEO da Whirlpool, falou expressamente sobre sabedoria. Ele estava especialmente orgulhoso da composição do conselho administrativo da empresa. "Estou muito orgulhoso de onde estamos hoje. Temos quatro décadas, do ponto de vista da idade e da experiência, no nosso quadro — temos um membro na casa dos setenta, dois ou três por volta dos sessenta, dois ou três na faixa dos cinquenta e outros dois na casa dos quarenta", explicou ele.

Perguntei, em resposta, quais são as diferenças entre os membros na casa dos setenta e aqueles com quarenta em termos de contribuição. Ele respondeu:

> Bem, eu diria que a sabedoria e a experiência no que está se passando — ambos são importantes. Sabedoria é a capacidade de enfrentar uma situação particularmente difícil, ou uma oportunidade, eliminando todas as ramificações e complicações e oferecendo a lógica que, basicamente, diz "faça a coisa certa". E, às vezes, a decisão certa é uma decisão difícil. Às vezes a decisão certa tem consequências. Em outras, ela pode ser difícil para mim, ou para nosso corpo de funcionários, mas, no final das contas, é sobre aquelas pessoas sábias e experientes que passaram

> por todos os altos e baixos colocando os braços à sua volta e dizendo: essa é a coisa certa a fazer, nós apoiamos o que você está fazendo — isso significa mais do que qualquer outra coisa.

A combinação da forte dedução racional e do reconhecimento de que o comportamento não racional é simplesmente uma forma de ação contextualmente racional não compreendida por todos, apoiada por uma profunda consciência moral que guia a ação, é a base para trabalhar com sabedoria buscando um efeito positivo.

Dos meus estudos emergiram quatro passos para a sabedoria prática:

Afaste-se

A capacidade de se afastar e pensar é rara entre os executivos de alta hierarquia focados na ação. Os melhores líderes, no entanto, são capazes de controlar o desejo de agir, especialmente quando pressionados por outros e pelas circunstâncias. Fazer isso requer um alto nível de disciplina pessoal, pois o líder tem que resistir a todas as emoções do contexto para racionalizar o que está errado e como avançar.

Em certa medida, esta é uma questão cultural. Os líderes podem criar uma cultura em que é aceitável se afastar para que as pessoas se esclareçam sobre o que fazer e por quê.

Acalme-se

Às vezes os líderes devem levantar a mão e dizer, acalmem-se, vamos desacelerar e repensar a situação. Eles devem ter a capacidade de fazer com que os outros se abram em relação à situação atual e consigam a coragem para revelar a verdade.

Sam Su, da Yum! Brands, disse-me que havia coragem nesse tipo de abordagem. Parecia uma palavra incomum, por isso perguntei-lhe o que queria dizer com coragem:

> A coragem é selar um compromisso consigo mesmo de que fará o que é certo para os *shareholders*. E para mim isso tem sido a base. Tem que ser a coisa mais importante. Eu sempre digo ao meu pessoal que, se eu

posso deixar um legado para esta organização, para esta equipe, é que eles podem esquecer tudo, mas devem se lembrar de apenas uma coisa: tenham a coragem e as habilidades para fazer o que é certo.

Não se pode ter apenas a coragem. As habilidades são necessárias. E um monte de pessoas tem as habilidades e não a coragem; ou coragem sem habilidades, e às vezes nem um nem outro. Acho que as melhores pessoas são as que têm ambos. Têm compromisso, estão dispostas a fazer a coisa certa por mais difícil que ela seja, mas ao mesmo tempo também adquirem as habilidades para fazer isso.

Fazer a coisa certa requer um certo grau de autoconfiança, coragem de suas próprias convicções. Um executivo me disse:

> Muito cedo, tomei a decisão de não ser um soldado corporativo. Quero ser capaz de fazer o que está certo. E para mim não foi tão difícil assim. Tomei a decisão de que poderia ir embora a qualquer momento: poderia deixar a organização, o emprego, a qualquer momento. E, assim que entendi isso, fiquei bem. Tinha dito a mim mesmo que conseguiria arranjar um emprego. Tenho a certeza de que consigo arranjar um emprego para sustentar a mim e à minha família, e por isso, naquele momento, não fugiria de nenhum debate, nenhuma discussão, nenhum desafio. Mas, se eu sinto que estou correto e alguém discordar disso, é direito dele. Eu respeito completamente, e então depende de mim, tenho que me perguntar como é que não tenho as habilidades para mostrar o que vejo. Porque eu sempre acreditei que se você é uma pessoa razoável, e temos a mesma perspectiva, geralmente chegaremos à mesma conclusão. Essas são as minhas crenças.

Feedback

O feedback fornece a capacidade de usar evidências para dar sentido à situação atual e se preparar para o futuro.

Darshan Mehta, presidente e CEO da Reliance Brands na Índia, falou comigo sobre isso. Ele destacou um fator crítico de sucesso que levou a Reliance Brands a se tornar uma das mais bem-sucedidas empresas de varejo de moda na Índia — elevar, constantemente, o nível de desempenho por meio de feedback crítico. O valor real do feedback é dar sentido. Todos precisam entender a natureza dos desafios atuais e como avançar. Foi assim que Darshan Mehta explicou:

> Trabalhamos com mais de quarenta marcas globais. É um imenso processo de aprendizagem para aqueles que estão constantemente dispostos a isso. Estamos incessantemente pressionando as pessoas a sair de suas zonas de conforto e a desaprender, e isso é um grande desafio. Nem todos podem receber feedback crítico como ferramenta para redefinir o nível de desempenho! Como resultado, a Reliance Brands pode não estar concorrendo ao prêmio de melhor empregador do ano, mas é certamente a organização mais procurada para construir sua carreira no varejo de moda.

Feedback é sobre a capacidade de construir compromisso, por meio do diálogo e da evidência, para avançar. Uma vez que a evidência, que faz sentido para a situação atual, tenha sido examinada, o desafio é posicioná-la para construir o engajamento e o compromisso de agir. A evidência deve ser posicionada de forma a permitir que as outras partes ouçam e reconheçam o conteúdo da mensagem. O exercício racional de coletar evidências requer a sensibilidade contextual de saber como as pessoas responderão à mensagem que está sendo apresentada. Quais são os gatilhos contextuais que ajudam as pessoas a ouvir? A que experiências e exames pode-se recorrer para que os ouvintes possam experimentar a realidade da mensagem? O que “ativa” as pessoas?

Minha pesquisa identificou que os executivos podem ser avaliados em termos de sua capacidade de racionalização e também de sua capacidade de posicionar mensagens. Diferentes públicos precisam de mensagens posicionadas ligeiramente diferentes do uso de histórias, exemplos e experiências pessoais daqueles que ouvem, para que a mensagem seja compreendida e absorvida. A combinação única de processo dedutivo e consciência emocional é o que cria um verdadeiro comunicador. O apresentador carismático que apela ao drama e a slogans poderosos não faz necessariamente com que o público se torne parte da mensagem que está sendo promovida. Todos podem ficar encantados com a reunião, mas esse sentimento rapidamente passará. O líder silencioso e introvertido pode causar um poderoso impacto de engajamento. A comunicação eficaz tem ligação com o que acontece depois, e não com "sentir-se bem" durante a reunião.

Minha última pesquisa com a Heidrick & Struggles destaca o fato de que, ao determinar a direção estratégica de uma organização, os diretores gerais e outros principais stakeholders estão no final da lista (figura 9.1). O que os resultados mostram claramente é que a prática prejudicial de colocar a estratégia em primeiro lugar, com a estrutura seguindo a estratégia — "venda a mensagem ou cale-se" —, é a norma em tantas organizações.

A necessidade de mudança de mentalidade é irresistível.

Nunca volte atrás

O passado é história. Líderes sábios têm a capacidade de moldar um caminho que mostra como avançar e que nega o desejo de voltar ao passado. Nunca voltar a ser como era é o verdadeiro sinal de ter equilibrado as necessidades de engajamento e alinhamento. A evidência que equilibra o que pode ser exigido em termos de organização, estrutura, processos, produtores, custos e as necessidades de engajamento do resto da organização é o centro desse livro.

Figura 9.1 Envolvidos na determinação da direção estratégica da organização.

Ouça a história de Rajiv Verma, CEO da HT Media na Índia, descrevendo o desenvolvimento do *Hindustan Times*:

> No início dos anos 2000, tínhamos escassez de recursos e pouca liquidez; hoje em dia, estamos entre as empresas de mídia mais valiosas da Índia. Fomos pioneiros na iniciativa de injetar capital de risco na empresa. Na época, não era comum as empresas de mídia aceitarem financiamento. Isso nos proporcionou capital e, eventualmente, ajudou-nos a tornar a empresa pública, e criou recursos para uma reviravolta.
>
> Como consequência, lançamos o nosso principal jornal em Mumbai, onde o mercado era dominado por um grande rival. Éramos uma empresa local, de Deli; aos olhos das pessoas, foi um ato de coragem total. Os analistas pensaram que não teríamos sucesso com a nossa pequena

infantaria. Claro que não tínhamos recursos para desperdiçar, mas tínhamos vontade de vencer, de enfrentar concorrentes formidáveis.

Minha equipe e eu éramos recém-chegados ao negócio de mídia, e tínhamos pouca noção do que funcionava e do que não funcionava na indústria. No entanto, hoje a nossa incursão em Mumbai foi um enorme sucesso. Fez com que nossa competição, que também temos em Deli, fosse mais honesta. Restaurou o equilíbrio em ambos os mercados.

Meu aprendizado mais significativo foi o de que é possível transformar uma empresa à beira de um precipício em uma empresa estável, próspera e bem-sucedida. Eu tinha lido sobre isso em livros de negócios. Tinha imaginado. Mas nunca tinha realizado uma transformação, uma reviravolta, e minha experiência me ensinou que isso poderia ser feito. Ensinou-me que os modelos de liderança funcionam, que os valores fundamentais são importantes.

Transformamos a empresa construindo equipes, criando uma visão compartilhada e garantindo que todos façam o que devem. O nosso sucesso foi possível graças à total confiança e apoio de todos os stakeholders.

Rajiv Verma, que conseguiu vencer contra todas as probabilidades, capta o coração deste livro. O equilíbrio ponderado, sensível e eficaz entre o engajamento e o alinhamento pode modificar as estratégias mais vulneráveis.

Sim, há uma sensação de animação! Nas palavras de muitos dos outros citados anteriormente, há uma paixão e um profissionalismo impressionantes. Essas pessoas se preocupam. Elas se preocupam com as suas organizações. Preocupam-se em fazer algo que valha a pena. Preocupam-se em contribuir. Acima de tudo, elas se preocupam em entregar valor. Isso, elas sabem, é a medida do sucesso. Sempre. Elas vivem a fórmula do sucesso EST + (ENG X AL) = V.

A DISCIPLINA DA SABEDORIA: EM RESUMO

- A aprendizagem tem que ser um hábito para toda a vida.
- É normal que os líderes enfrentem dilemas continuamente;

a questão é como eles abordam essas preocupações.

- Exercitar a sabedoria pode ser doloroso e, portanto, determinante; um aprendizado orientado e humilde é um componente importante para que a sabedoria funcione.
- Aprender com a idade facilita a sabedoria.
- Parte da sabedoria é se adaptar à orientação ética de cada um.
- Trabalhar com os dilemas é fundamental para a liderança. Se isso for muito difícil, não lidere.
- A sabedoria é fundamental para encontrar o caminho, contexto por contexto, da fórmula ENG X AL.

PERGUNTAS-CHAVE

- Para você, aprender é um hábito integrado?
- Você enfrenta dilemas e, em caso afirmativo, quais são as suas naturezas?
- Sente que é normal enfrentar dilemas repetidamente?
- Sente que é injusto que tenha de enfrentar dilemas desagradáveis e emocionalmente desgastantes?
- Tem a sensação de "o que fiz para merecer isso?"?
- Quando é forçado a comprometer seus valores, você fica angustiado e desconfortável?
- Se não pode comprometer os seus valores ou a sua posição, demite-se, independentemente das consequências?

10

PERGUNTAS-CHAVE

A principal conclusão sobre os líderes que são capazes de manter o sucesso durante um longo período é que eles nunca subestimam a criação de valor. Mesmo que uma estratégia ou um modelo de negócio tenha sido bem-sucedido no passado, ou pareça feito sob medida para o futuro, esses líderes continuamente comparam suas percepções com as dos outros e com a realidade. Eles sabem que esta é a melhor proteção contra a arrogância organizacional.

Na década de 1980, a IBM foi quase destruída pela arrogância. O que salvou a empresa — e permitiu que ela florescesse mais uma vez — foi sua mudança para uma cultura baseada em evidências. Ao ouvir constantemente as opiniões de seus stakeholders, funcionários, clientes, fornecedores e outros, a IBM desenvolveu um radar para grandes mudanças em sua indústria, caminhando pelo caminho perigoso e identificando com sucesso oportunidades de crescimento. A empresa aprendeu a se renovar.

No centro das organizações que mantêm sucesso há o processo contínuo de coleta e confronto de evidências e uma apreciação pela diversidade de pensamento que cria engajamento e alinhamento para apoiar a estratégia.

Então, como é que uma organização se torna uma organização baseada em provas? Não é um destino, mas uma viagem sem fim. As seguintes perguntas, baseadas em centenas de horas de entrevistas, foram elaboradas para ajudar as organizações e os líderes a embarcar nessa jornada.

PERGUNTAS PARA O CEO

1. Você tem uma mentalidade baseada em evidências?

Como descreveria a sua mentalidade? Consegue ver a diferença entre uma crítica e uma desaprovação, e está confortável com a crítica?

Você se encaixa no padrão réplica, formulação ou liderança por evidências? Quando tem uma ideia, você a busca por meio da coleta e do confronto de evidências, a fim de ver quanto da ideia, ao ser questionada, sobreviverá?

Você, ao estar esclarecido da estratégia a seguir, negocia para obter apoio para a sua estratégia dentro da equipe superior e do conselho? Você está convencido da proposta de valor que está tentando atingir e sente que esta é razão suficiente para seguir em frente? Como alternativa, está mais preocupado com o valor a ser entregue? E, se sim, que esforço faz para determinar qual valor será entregue a partir da estratégia/ ideia que você iniciou?

Seja qual for a sua conclusão, os outros concordam?

Que tipo de feedback tem recebido, e de quem, sobre sua liderança e a natureza de sua mentalidade?

2. Você conhece e sente a diferença entre estratégia e estrategizar?

Enquanto a estratégia é o recurso alocado a uma decisão tomada, estrategizar é a forma de pensar por trás da decisão final que é alcançada. Certos executivos de topo podem enxergar essa diferença intelectualmente, mas emocionalmente experimentar a dor de estrategizar como uma invasão do seu direito de tomar decisões estratégicas. Se este for o seu caso, é provável que seja um líder que conecta emocionalmente a formação da estratégia com a proposta de valor que está convencido que seja a correta a ser seguida. É improvável que você se baseie fortemente na análise de evidências que determinarão o valor real a ser entregue.

3. Você cria uma cultura de inovação?

A direção geral, em particular, sente-se confortável para apostar em novas ideias? Você aceita o fracasso desde que haja aprendizado? Você é capaz de facilitar e orientar tal cultura recorrendo fortemente à disciplina da evidência para orientá-lo?

4. Como você realmente lida com críticas às **suas ideias/ projetos?**

Não importa o que você escute durante o dia, mais tarde descobre que outros não se atreveram a dizer que suas ideias/ projetos eram suspeitos e propensos ao fracasso? Ou você insiste que todos os principais projetos/ programas sejam examinados por meio de um processo independente de coleta de evidências e que os resultados sejam de propriedade dos stakeholders fundamentais envolvidos? Você realmente *alimenta uma cultura de diversidade de pensamento*?

5. Deixe-me fazer essa pergunta mais uma vez: você promove a diversidade de pensamento?

Por que estou perguntando novamente? Porque a diversidade de pensamento é integral ao valor entregue. Sem diversidade de pensamento, é provável que sua organização não seja diferenciada e também que não seja criticada de forma construtiva.

6. Qual é o seu hábito para recolher evidências?

Você confia em canais mais formais de feedback, como pesquisas, questionários e discussões em grupos formais? Ou, para obter uma ideia clara do que realmente está acontecendo, você busca à sua volta, tendo desenvolvido uma série de relacionamentos em que as pessoas se sentem confortáveis para lhe dizer o que pensam? Até que ponto se esforça para medir a opinião dos diretores gerais? Você faz com que se sintam confortáveis para dizer o que está realmente acontecendo, em vez de oferecerem o que eles sentem que você quer ouvir? Como você lida com provas contraditórias? Você é capaz de ver o óbvio e é sensível o suficiente para detectar o verdadeiro impacto da execução da estratégia?

As estratégias não falham simplesmente porque são mal pensadas. A maioria falha na execução. Permitam-me repetir o que me disse um líder global excepcional: "A vida é 10% estratégia e 90% execução." Muito depende da medida em que você é capaz de capturar a realidade da execução da estratégia em sua organização. Ter uma mentalidade baseada em provas é pertinente quando você está buscando o trunfo de "dar a largada". O fato de ser o primeiro no mercado nem sempre significa que você vai ganhar a maior vantagem. Quem, provavelmente, tem a visão sobre quando entrar no mercado? Os diretores gerais cuja função é executar a estratégia.

Então, voltando ao seu hábito de reunir evidências como mecanismo para identificar o que fazer e quando, quão forte ele é?

7. **Quando e como você sabe que atingiu o alinhamento de pensamento e engajamento com stakeholders fundamentais?**

Evidentemente, é difícil reunir toda a informação necessária para tomar decisões críticas. É necessário encontrar um equilíbrio entre saber quando se tem provas suficientes para justificar a implementação de recursos em uma decisão e ter a confiança de que os stakeholders fundamentais, especialmente os diretores gerais, estão verdadeiramente engajados e irão, com vigor, executar essa decisão. O equilíbrio é entre o QI, ou seja, saber como apresentar esse argumento convincente, e a inteligência emocional (QE), ou seja, sentir-se confiante com o apoio dos outros e com as decisões tomadas por você.

PERGUNTAS PARA O PRESIDENTE

1. **Como você identifica o DNA, o coração, da organização para entender qual é a essência da empresa e o que a torna, ou poderia torná-la, grande?**

Devido ao fato de o presidente ser o guardião da empresa, é imperativo que ele ou ela e o conselho administrativo apreciem a natureza da vantagem competitiva/ de diferenciação da empresa. Com essa percepção, eles podem influenciar mais favoravelmente os principais stakeholders externos, os *shareholders*, a imprensa e a mídia.

2. Está esclarecido sobre as verdades absolutas, em que os limites devem ser traçados e a discrição deve ser exercida?

Dependendo da sua visão do DNA da organização, sua responsabilidade é delinear claramente os limites do papel do presidente, do CEO, do conselho e da equipe de gestão. Esses limites dependem de quem faz o quê para realizar o avanço competitivo. Na realidade, minha pesquisa mostra que esses níveis mais profundos de engajamento só são experimentados por cerca de 33% dos conselhos e das principais equipes.

3. Qual é a sua capacidade de apresentar um caso convincente do que faz a empresa ser fantástica?

Como você equilibra sua capacidade de racionalização de QI com suas habilidades políticas e de sensibilidade para ganhar a necessária adesão da gestão sobre o valor da empresa e as habilidades políticas, permeando pelos planos contrastantes que os diferentes stakeholders perseguem? A gestão pode ser educada, mas eles duvidam de você?

4. Como você obtém a "permissão" para se aprofundar na organização?

A evidência implícita neste livro mostra que os mecanismos de controle e fiscalização atuam como base para minimizar o risco e prevenir danos à empresa, mas não fornecem esse estímulo extra para que a organização se sobressaia. É o equilíbrio sutil entre fiscalização e mentoria que faz com que a gestão e os stakeholders reconheçam que o conselho fornece valor. Uma mentoria eficaz requer intimidade de compreensão sobre o que acontece na organização. Este livro desafia a crença atual de que, para o conselho ser independente, ele tem que manter uma distância da diretoria da organização. São os diretores gerais que provavelmente oferecerão o maior *insight* sobre o que está acontecendo na empresa e quais estratégias/ projetos têm probabilidade de sucesso ou fracasso. A visão do presidente e do conselho administrativo sobre os verdadeiros sentimentos dos diretores gerais determinará como a governança da empresa e o equilíbrio entre mentoria e fiscalização devem ser buscados. Então, qual é o seu acesso "real" aos diretores gerais da sua empresa?

5. Você alimenta uma cultura de diversidade de pensamento no conselho?

Você saberá a resposta para essa pergunta apenas pela liberdade da comunicação livre e aberta do conselho que se espalha pela organização.

NOTAS

CAPÍTULO 1

1. CRAINER, Stuart. "Leading with Purpose". *Business Strategy Review*. Outono, 2011.

2. DRUCKER, Peter, *Innovation and Entrepreneurship*. Nova York: Harper & Row, 1985.

3. "Value Maximization, Stakeholder Theory, and the Corporate Objective Function". Artigo -01-01 HBS. out., 2001.

4. PORTER, Michael; KRAMER, Mark, "Creating Shared Value". *Harvard Business Review*, v. 89: pp. 62-77, jan., 2011.

5. D'AVENI, Richard, *Strategic Capitalism*. Nova York: McGraw Hill, 2012.

6. Todas as citações são de entrevistas de pesquisa, salvo indicação contrária.

7. CRAINER, Stuart, "Mining Success". *Business Strategy Review*, Outono, 2011.

8. DEARLOVE, Des, "Builders not Bankers". *Business Strategy Review*, Outono, 2012.

9. LOOMIS, Carol, "Why Carly's Big Bet is Failing". *Fortune*, 7 de fev., 2015.

10. Citado em DENNING, Steve, "The Dumbest Idea in the World". *Forbes.com*, 28 nov., 2011.

CAPÍTULO 2

1. EUROPEAN BOARD SURVEY 2014, Heidrick & Struggles Europe. 2014.

2. EUROPEAN BOARD SURVEY 2014, Heidrick & Struggles Europe. 2014.

3. HA, Julia; O'BRIEN, Anne Lim, Heidrick & Struggles Governance Letter, Q3. 2011.

CAPÍTULO 3

1. KANTER, Rosabeth Moss: tweet de @rosabethKanter em 14 de agosto de 2011.

CAPÍTULO 4

1. YARDLEY, Ivan; KAKABADSE, Andrew e NEAL, Derrick, *From Battlefield to Boardroom*. Basingstoke: Palgrave Macmillan, 2012.

2. FRANKEN, Arnoud; PATON, Chris; ROGERS, Simon, "How the UK's Royal Marines Plan in the Face of Uncertainty". Harvard Business Review website. Disponível em: <http://www.hrb.com>, nov., 2010.

3. ZOOK, Chris. Entrevista, 2010. Disponível em: <http://www.thinkers50.com>.

4. BENNIS, Warren, *On Becoming a Leader*. MA: Addison Wesley, 1989.

5. SIDEY, Hugh, "A tarefa do líder". *Time*, 20 de out., p. 39, 1980.

6. COLLINS, James C.; PORRAS, Jerry I., *Built to Last: Successful Habits of Visionary Companies*. Nova York: HarperBusiness, 1996.

7. SENGE, Peter et al. *The Fifth Discipline Fieldbook: Strategies and Tools for Building a Learning Organization*. Londres: Nicholas Brealey Publishing, 1994.

8. KAKABADSE, A.; KAKABADSE, N.; LEE-DAVIS, L., "Visioning the

Pathway: A Leadership Process Model", *European Management Journal*, v. 23(2): pp. 227-302, 2005.

CAPÍTULO 5

1. LASHINSKY, A., "The Hurd Way: How a Sales-Obsessed CEO Rebooted HP", *Fortune*, v. 153(7): pp. 83-8, 17 de abr., 2006.

CAPÍTULO 6

1. KIM, W. Chan; MAUBORGNE, Renée (2014), "Blue Ocean Leadership". maio, 2014. Disponível em: <https://hbr.org/2014/07/from-blue-ocean-strategy-to-blue-ocean-leadership/>. Acesso em: 20 jul. 2014.

2. LIPMAN, Victor, "Why Are So Many Employees Disengaged". *Forbes*, 18 de jan., p. 1, 2013.

3. Para mais informações sobre o diálogo, ver Platão e Sócrates: KAKABADSE, N.; KAKABADSE, A, "Polylogue as a Platform for Governance: Integrating People, the Planet, Profit and Posterity" *Corporate Governance: The International Journal of Business in Society*, v. 3(1): pp. 5-38, 2003.

CAPÍTULO 7

1. Há um artigo de Rosabeth Moss Kanter que também usa esta terminologia. "Managing Yourself: Zoom in, Zoom out". *Harvard Business Review*, mar. 2011.

2. KELLERMAN, Barbara, *Bad Leadership*. Boston, MA: Harvard Business School Press, 2004.

CAPÍTULO 8

1. BERLE, Adolf A.; MEANS, Gardiner C., *The Modern Corporation and Private Property*. Nova York: Harcourt, Brace & World, 1932.

2. GELTER, Martin, "The Dark Side of Shareholder Influence: Toward a Holdup Theory of Stakeholders in Comparative Corporate Governance", Economics, and Business Fellows' John M. Olin Centre For Law, Discussion Paper Series, *Discussion Paper* No 1707/2008,

Cambridge: Harvard Law School, 2008.

3. GRECHENIG, Kristoffel; MARTIN, Gelter, "The Transatlantic Divergence in Legal Thought: American Law and Economics vs. German Doctrinalism", *Hastings International and Comparative Law Review*, 31: 295-360, 2008.

4. STOUT, Lynn A., "The Shareholder Value Myth," *Harvard Law School Forum on Corporate Governance and Financial Regulation*, 26 jan. 2003. Disponível em: <http://www.blog.law.harvard.edu/corpgov/2012/06/26/the-sharholder-value-myth/>.

5. GRECHENIG, Kristoffel; MARTIN, Gelter, "The Transatlantic Divergence in Legal Thought: American Law and Economics vs. German Doctrinalism," *International and Comparative Law Review*, v.31: pp. 295-360, 2008.

6. KAKABADSE, Andrew; KAKABADSE, Nada, *Leading the Board.* Palgrave, p. 182. 2008.

7. SHARESOC, *Chair and Non-Executive Director Guidelines*, jan., 2013.

8. BHAGAT, C.; KEHOE, C "High-Performing Bars: What's on Their Agenda?" *McKinsey Quarterly*, abr., pp.1-5, 2014.

CAPÍTULO 9

1. SCHWARTZ, Barry; SHARPE, Kenneth E., "Practical Wisdom: Aristotle Meets Positive Psychology". *Journal of Happiness Studies*, pp. 1-19, 2005.

2. KAKABADSE, N. K.; KNYGHT, R.; KAKABADSE, A., "High Performing Chairman: The Older the Better", in KAKABADSE, A.; VAN DEN BERGHE, L. (Orgs.). *How to Make Boards Work: An International Overview.* Basingstoke: Palgrave Macmillan, p. 352, 2013.

3. STRAUCH, B., *The Secret Life of The Grown-up Brain: The Surprising Talents of the Middle-Aged Mind.* Londres: Viking, 2010.

4. POWER, Marianne, "The Midlife Brain Surge that Means We DO Grow Wisdomiser as We Get Older", *Mail on Line*, 27 jul., 2010. Disponível em: <http://www.dailymail.co.uk/health/article-1297847/The-midlife-brain-surge-means-DO-grow-swiser-older.html>.

5.JESTE, D., “Why the Wise Man Takes up Juggling in Old Age”, *Hastings International and Comparative Law Review*, v. 31(1), 2010. Disponível em: <http://ssrn.com/abstract=1161168>. Acesso em: 20 jul. 2014.

6.KAKABADSE, N.; KNYGHT, R.; KAKABADSE, A., “High-Performing Chairman: The Former the Better” in KAKABADSE, A.; VAN DEN BERGHE, L. (orgs). *How to Make Boards Work: an International Overview*. Londres: Palgrave, pp. 342-59, 2013.